유머는
리더의 품격이다

유머는 리더의 품격이다

초판 1쇄 발행 2025년 1월 26일

지 은 이   이상섭
발 행 인   권선복
편   집   권보송
디 자 인   김소영
전 자 책   서보미
마 케 팅   권보송
발 행 처   도서출판 행복에너지
출판등록   제315-2011-000035호
주   소   (157-010) 서울특별시 강서구 화곡로 232
전   화   0505-613-6133
팩   스   0303-0799-1560
홈페이지   www.happybook.or.kr
이 메 일   ksbdata@daum.net

값 22,000원

ISBN 979-11-93607-73-2   (03190)

도서출판 행복에너지는 독자 여러분의 아이디어와 원고 투고를 기다립니다. 책으로 만들기를
원하는 콘텐츠가 있으신 분은 이메일이나 홈페이지를 통해 간단한 기획서와 기획의도, 연락처
등을 보내주십시오. 행복에너지의 문은 언제나 활짝 열려 있습니다.

유머로 대화를 이끄는 법
말에 품격을 더하는 기술

유머는 리더의 품격이다

이상섭 지음

이 책은 실제 유머에 도전한 사람의 성공 경험담!
당신의 생각이 바뀌고 말이 바뀌고 인생이 바뀐다!

● 하루에 7분씩 7주를 연습하면 현장에서 유머가 솔솔 나온다!
● 현장에서 바로 써먹은 유머, 인사, 칭찬, 대화, 문자, 소개, 건배

도서
출판 행복에너지

누구나 유머맨 될 수 있다

세 종류의 책이 있다. 잠시 몇 페이지를 읽고 사지 않는 책, 사서 끝까지 다 읽어보는 책, 읽고 또 읽고 또또 읽어보는 책이다. 이 책을 읽으며 마치 한 번 보고 두 번 보고 자꾸만 보고 싶은 애인 같은 느낌을 받았다. 나도 추천사를 쓰며 자꾸자꾸 보았다. 읽어보면서 딱딱 무릎을 쳤다. 이 책이 딱이다.

· 미팅이 필요할 때 읽으면 딱이다.
· 인사, 칭찬 멘트 필요할 때 딱이다.
· 비즈니스 대화할 때 읽으면 딱이다.
· 사회, 한 말씀 할 때 읽으면 딱이다.
· 리더, 강연, 축사할 때 읽으면 딱이다.

유머모임에 무사님 참석하는 날이면 참석자들에게 두 가지는 꼭 생긴다. 얼굴은 웃음이 생긴다. 가슴은 그 마음 씀으로 따뜻해진다. 진흙 속에서 피는 연꽃이 더욱 아름답듯, 법조 업무 속에서 핀 유머 꽃이라 더욱 싱그럽다.

유머 배우고, 메모하고, 외우고, 써먹고, 고고고 집념이 대단하다. 이제 유머책까지 출간하니 그 실력은 증명되었다.

이 책 읽는 독자 여러분들 많이 웃고 행복하시길 바란다.

– 유머1호 강사 **김진배**

유머는 내가 주는 행복 선물이다

"여러분 반갑습니다. 이상섭입니다. 제 소개를 들으려면 먼저 필요한 게 있습니다. 바로… 박수입니다. 하하하"

그의 첫 마디에 사람들은 엉겁결에 박수와 환호를 지른다. 단 하나의 멘트로 청중의 박수와 호응을 이끌어 내다니! 충격이었다. 와우! 감탄사가 절로 나왔다.

10여 년 전, 첫 번째 참석한 유머클럽에서 위트 멘트로 사람들을 매혹시켰다. 이상섭이라는 이름이 가슴속에 쏘옥 들어오는 순간이었다. 법무사로 수십 년 일하면서 그 직업 속에서 유머를 배우겠다는 그의 열정은 정말 뜨거웠다. 지금도 그가 나눴던 유머 한 가락은 잊히지 않는다.

"사람들은 모두 다양한 탈을 쓰면서 산다.
사소한 일에 까탈! 너무 먹어서… 배탈! 시시때때로 인생 허탈! 늘 이런 탈을 뒤집어쓰니 몸도 마음도 피곤해진다. 그럴 땐 탈을 바꿔야 한다. 바로… '하회탈!' 하하하! 얼굴에 하회탈을 쓰고 한번 크게 웃어보면 행복하다."

10여 년의 시간이 지나 그동안 유머에 도전하여 이렇게 유머책까지 내다니 그는 진정한 열정! 도전! 끝판왕이다. 그가 오랫동안 경험했던 다양한 유머스토리가 담겨있다.

이 책에는 다양한 비즈니스 상황에서 유머를 녹여낼 수 있도록 실제적인 유머지혜가 가득하다. 단순한 유머책을 넘어 동기부여, 자기개발, 인간관계, 심리학 등의 지혜의 글도 가득하다. 유치할 수 있는 유머 하나에도 행복, 자신감, 인생의 극치를 담아내고 있다.

"웃음은 하늘이 내려준 선물이라면, 유머는 내가 상대방에게 주는 행복 선물이다. 행복하기 때문에 웃는 것이 아니고 웃기 때문에 행복하다는 말이 있지 않은가."

이 책은 법률가의 직업적 의식에서 나와서 그런지 먼저 유머 이론이 나오고 다음에 현장 실무가 나오는 '이론과 실무'로 구성된 책이다. 그래서 읽다 보면 갈수록 재미가 있다. 나도 사람들을 웃길 수 있다는 자신감도 가지게 한다.

AI의 세상에서 웃음과 유머가 점차 귀해지고 있다. 이 책을 통해 인생을 살아가면서 유머로 무장해서 나부터 웃고, 세상을 웃게 하는 경쟁력을 가졌으면 한다.

– 유머코치 **최규상**

유머스럽게 말하고 싶었다

나는 법률가인 법무사! 유머러스한 사람으로 변했다!

법률가는 법령과 판례 등 규격화된 언어에 푹 빠져 있으므로 창의력에 친하지 않다. 그래서 이들은 논리에는 강하나 유머나 웃음에는 거리가 멀다. 법률가들이 싫어하는 사람은 법 없이 사는 사람 법무사(法無士)인데, 나는 법으로 먹고사는 사람 법무사(法務士)이다.

나는 지금 법무사 33년째이다. 이 중 16년 동안을 유머를 배우고, 외우고, 써먹고, 그런 생활을 습관화하다 보니 변했다. 생각이 바뀌고, 말이 바뀌고, 행동이 바뀌고, 습관이 바뀌었다. 내 인생을 완전히 바꾸어 놓았다. 무엇보다도 긍정력 향상이다. 나 스스로 세상을 보는 관점도 남과 다르다는 것을 느끼면서 "나는 유머러스한 사람이야!" 스스로 나 자신을 칭찬해 주면서 살고 있다. 그래서 참 행복하다.

법률가는 직업상 판결과 법령에 익숙하여 논리적이고 문어체로 장문의 글을 쓰는 습관이 있다. 나 역시 그렇다. 그런데 유머화술 책은 알기 쉽게 단문으로 구어체로 써야 독자들이 편안하게 읽게 된다는 것이다. 이 책을 집필하면서 직업의식에서 벗어나 단문과 구어체로 쓰는 작업이 가장 힘들었다. 하지만 그 덕분에 나의 글쓰기 스타일과 말투가 바뀌었다.

메모의 힘은 정말 놀라웠다.

나는 2009년 3월부터 유머를 정식으로 배우기 시작하였다. 그때부터 메모하고, 외우고, 써먹은 것을 습관화했다. 유머책, 예능 토크쇼, 광고의 한 줄 카피, SNS 글 등에서 유머 멘트, 멋진 한 줄의 대사, 좋은 글 등을 캐치하면 즉시 메모해 왔고 오늘에 이르게 되니 엄청난 자료로 축적되었다. 이런 메모 덕분에 이 책을 쓸 수 있게 되었다.

메모하여 오면서 느낀 사실은 좋은 글을 메모하다 보니 나도 모르게 좋은 생각으로 변하게 되었고, 유머 글을 메모하다 보니 나도 모르게 유머러스하게 말을 하게 되었다는 것이다. 메모 습관은 글쓰기 훈련이라 하지만 지식인으로 발전된다. 생각의 노트이고 아이디어의 원천이다.

삶의 현장에서 사용한 예시와 예화도 수록했다.

이 책은 유머에 도전하여 유머화술가 된 경험을 바탕으로 글을 쓴 것이다. 그런 경험을 살려 유머 초보자가 쉽게 유머에 접근할 수 있도록 먼저 유머의 방법론을 설명하고, 간단한 유머 멘트를 사용할 수 있도록 예시를 제공하였다. 그다음에 실제 현장에서 써먹을 수 있도록 유머 예화를 제공하였다.

더 나아가 유머와 더불어 지식의 수준을 더욱 높여주기 위해 인생법칙, 인간관계, 리더십, 심리학 등의 주옥같은 지혜의 글과 명언, 어록 등을 추가로 담았다. 책 끝에 예화와 제목을 쉽게 찾아볼 수 있도록 색인도 제공하였다.

당신도 실제 현장에서 유머러스한 대화가 될 것이다.

유머에 도전한 저자가 유머화술가가 되어 실무 현장의 경험을 바탕으로 현장·중심·대화 각 7개로 분류하여 7.7.7 구성으로 만든 책이다. 독자가 이 책을 하루에 7분씩 7주. 즉 하루에 1개 주재씩 7주 동안 읽으면 실제 현장에서 유머러스한 대화를 할 수 있다.

- 7개 현장: 가족, 친구, 연애, 부부, 인생, 성공, 취미
- 7개 중심: 리더, 축사, 수상, 사회, 강연, 덕담, 건배
- 7개 대화: 유머, 대화, 칭찬, 인사, 문자, 멘트, 소개
- 유머하고 싶으면 딱 3가지. 적고! 외우고! 써먹어라!
- 유머의 실천은 들이대! 썰렁함을 두려워하지 말라!

이 책을 출간하는 데 도와주신 행복에너지 출판사 권선복 대표님에게 감사드리고, 유머 자문을 아끼지 않는 김진배 유머1호 강사, 최규상 유머코치, 나의 유머에 잘 반응하여 준 우리 더울림 난타에도 무한 감사를 드린다.

– 2025년 을사년 새해 자택
매봉산을 바라보며 **저자 이 상 섭**

차례

추천사 4   머리말 7

Part 1

긍정인생 유머로 바꾼다

1. 유머가 긍정인생으로 바꾼다   17
2. 명품 유머 스타일러가 된다   25
3. 대화의 키맨, 웃음맨 된다   31
4. 유머는 내가 주는 선물이다   38
5. 자존감 UP! 긍정력 향상된다   44
6. 남과 다른 아이디어가 나온다   51
7. 대화의 스킬은 공감소통이다   56

Part 2

유머화술 이것만 알면 된다

1. 글자놀이 언어마술사 돼라   67
2. 퀴즈로 상상력을 뒤집어라   74
3. 공통점, 차이점을 이용하라   81
4. 고사성어, 속담을 활용하라   86
5. 올리고 내리고 반전을 타라   93
6. 내 유머 비밀창고를 열어라   98
7. 유머 접근, 썰렁 두려워 마라   103

Part 3 인사대화 The 멋있고 맛있게

1. 인사는 진품! 칭찬은 명품!   109
2. 말은 멋있게! 밥은 맛있게!   115
3. 문자대화는 깔끔, 톡톡 튀게!   123
4. 대화는 상대 존중! 칭찬 폭탄!   128
5. 나를 낮추는 자학화술이 최고!   133
6. 닭살멘트 햇살! 넉살멘트 작살!   138
7. 헤어질 땐 훈훈한 유머멘트 발사!   143

Part 4 현장유어 톡톡 써 먹는 꿀맛

1. 가족은 사랑이 흐르는 유전자들   149
2. 친구는 있어도 진짜 친구는 없다   155
3. 연애는 마술! 사랑은 예술!   162
4. 부부는 소리하는 사람들이다   171
5. 인생은 정답과 오답 찾는 여행   178
6. 성공은 생각과 습관의 종착역   187
7. 취미는 숨어있는 나의 재능발굴   195

Part 5

자기소개 품격있고 재미있게

1. 나는 브랜드! 끌리게 자기소개   207
2. 나를 다양하게 써보는 자기소개   210
3. 나의 단점을 장점으로 자기소개   213
4. 직업 · 지역을 이용하여 자기소개   216
5. 재능 · 취미를 브랜드로 자기소개   219
6. 나를 차별화로 특별한 자기소개   222
7. 나의 가족들을 재미있게 소개   225

Part 6

한 말씀 깔끔하고 흥미롭게

1. 나만의 멋지게 한 말씀   231
2. 리더의 품격 유머 한 말씀   236
3. 축사, 환영사 격려 한 말씀   240
4. 수상자의 감동스런 한 말씀   244
5. 사회자의 재치있는 한 말씀   249
6. 강연자의 휘어잡는 한 말씀   254
7. 주례, 덕담 깔끔한 한 말씀   261

Part 7 건배사 좌중을 휘어잡다

1. 건배사도 리더십이다!   269
2. 한 마디 외치는 건배사   272
3. 세 마디 날리는 건배사   275
4. 나만의 톡톡 튀는 건배사   279
5. 깔끔한 한 말씀 후 건배사   283
6. 분위기를 전환시키는 건배사   285
7. 반전의 묘미를 가지는 건배사   287

부록

오드리 햅번 명언   14
저자 봉사활동   64
그림 최인영   228, 306
법무사 추억의 사건들   291
에필로그   299
출간후기   301
제목 색인   302
예화 색인   304

오드리 햅번 (1929. 5. 4 출생. 1993. 1. 20 사망 63세)

단아하고 청순한 외모의 영화배우. 세상을 떠나면서 전 세계 영화팬들의 사랑을 받았던 그가 션 페러 아들에게 남긴 사랑에 관한 유명한 글

1) 아름다운 입술을 가지고 싶으면 친절한 말을 해라.

2) 사랑스런 눈을 가지고 싶으면 사람들의 좋은 점을 봐라.

3) 날씬한 몸매를 가지고 싶으면 음식을 사람들과 나누어 먹어라.

4) 아름다운 머리카락을 갖고 싶으면 어린이의 머리를 자주 쓰다듬어 주어라.

5) 아름다운 자세를 갖고 싶으면 결코 너 혼자 걷고 있지 않음을 명심하라.

6) 네가 더 나이가 들면 손이 두 개라는 걸 발견하게 된다. 한 손은 너 자신을 돕는 손이고 다른 한 손은 다른 사람을 돕는 손이다.

Part 1

긍정인생
유머로 바꾼다

1. 유머가 긍정인생으로 바꾼다

2. 명품 유머 스타일러가 된다

3. 대화의 키맨, 웃음맨 된다

4. 유머는 내가 주는 선물이다

5. 자존감 UP! 긍정력 향상된다

6. 남과 다른 아이디어 나온다

7. 대화의 스킬은 공감소통이다

유익한 명언들

· 유머 감각이 없는 사람은 스프링이 없는 마차와 같다. 길 위에서 삐 걱거린다.   - 헨리 와드비쳐

· 웃음과 긍정이 우리에게 주는 선물은 건강한 삶이다.   - 노먼 커즌스

· 성공을 원한다면 아침에 웃으면서 시작하고, 행복해지길 원한다면 잠들기 전에 웃어라.

· 성공은 행복의 열쇠가 아니다. 행복이 성공을 여는 열쇠다. 자신이 하는 일을 사랑한다면 성공한 사람이다.   - 알버트 슈바이처

· 가장 큰 영광은 한 번도 실패하지 않음이 아니라 실패할 때마다 다시 일어서는 데에 있다.   - 공자

· 웃음은 단점의 얼굴도 장점으로 바꾸고, 찡그림은 장점의 얼굴도 단점으로 변화시킨다. 고로 최고의 화장은 '웃음'이다.

· 성공이 행복이 아니라 행복이 성공이다. 즉, 행복하게 일해야 성공할 수 있다.   - 아인슈타인

1

유머가
긍정인생으로 바꾼다

◆ **유머 예절 5가지 '인의예지신'**
- 인(仁). 유머가 썰렁하더라도 웃어주는 것.
- 의(義). 유머가 길어도 끝까지 들어주는 것.
- 예(禮). 유머를 들으면 맞장구를 쳐주는 것.
- 지(智). 유머로 웃기는 것을 칭찬해 주는 것.
- 신(信). 유머는 대화 윤활유 역할을 하는 것.

유머 해보고 싶은데 그게 잘 안 돼

저 사람 유머러스하게 말 잘하네.

나도 유머러스하게 말하고 싶은데.

한번 생각하지만, 그때뿐 다시 예전으로 돌아간다.

난 법무사이다. 웃음과 유머와는 거리가 먼 직업이다.

법조 업무를 하다 보니 사랑으로 묶인 결혼을 베어 달라며 이혼한다거나, 억울하다고 소송하겠다는 사람들만 찾는다. 그러다 보니 웃음과 유머는 할 수가 없고 법률 논리에만 의존하는 대화만 하게 된다.

웃음 없는 직업병에 얽매이다 어느덧 싱그러운 향기 나는 나이는 지나가고 젊지도 않고 그렇다고 늙지도 않는 어정쩡한 나이가 되었다. 늦은 나이에 직업병에서 벗어나 늦게 빛나는 인생 이모작으로 유머화술가가 되어 보기로 도전한다.

나는 벌레다.
성공하려면 책(冊)벌레가 되고,
사랑하려면 애(愛)벌레가 되지만,
나는 웃고 살려고 헤벌레가 된다.
"헤헤헤" 웃고 사는 헤벌레

나를 위하여 웃는 인생으로 바꿔본다.

일명 '바뀐다 법칙'

생각이 바뀌면 행동이 바뀌고, 행동이 바뀌면 습관이 바뀌고, 습관이 바뀌면 인격이 바뀌고, 인격이 바뀌면 운명이 바뀐다. 유명한 윌리엄 제임스의 명언처럼 먼저 생각을 바꿔본다.
웃음꽃 피면서 살 것인가?
웃음꽃 지면서 살 것인가?
나는 유머러스한 사람으로 살고 싶다.
나는 유머를 배우는 것에 도전한다.
도전! 작심삼일 No! 작심십년 Yes!
그래서 나는 '유머화술가' 된다!

유머는 타고난 사람만이 되는 걸까?

유머는 선택사항이 아닌 필수사항이다. 소통의 효과도 가져다준다는 것을 알고 있다. 유머는 인생의 부속품이 아니라 필수품으로 대화에 재미를 주면서 긍정과 낙천적인 사고를 갖게 한다.

인생 반세기를 살아온 시기에 유머강사 1호 김진배 원장에게 전화 왔다.

"법무사님! 유머강좌 정규반 개설했어요. 나오세요."

"네~ 생각 한번 해보고 나갈게요."

나도 유머를 배워볼까?

나 같이 유머와 거리가 먼 법률가 직업을 가진 사람도 유머러스한 사람이 될 수 있을까?

마침 그 시절은 취미로 댄스스포츠를 다년간 배우며 즐기는 때라서 동호회 사람들과 유머러스한 대화도 필요하고, 법무사의 직업병 말투에서 벗어나 유머러스한 사람도 되고 싶은 마음도 있기에 유머를 배워야겠다고 생각하고 있었던 때였다. 일단 시작이 반이다. 저질러보자는 생각에 1년 정규과정에 등록하여 유머 강의를 들으면서 유머를 알게 된다.

나는 그때부터 지금까지 TV를 보는 것을 단절하였다. 그 시간에 유머와 화술 관련 책을 구입하여 읽었고, 카페, 밴드, 카카오스토리 등 SNS를 통하여 유머화술 정보를 취득하고, 김창옥, 김미경 등 스타 강사의 유튜브를 즐겨 보았으며, 김진배의 유머센터, 최규상의 유머클럽에 다니며 강의를 듣고, 초빙 강사의 강연도 들으면서 메모하고, 외우고, 써먹는 것을 습관화 하여 왔다. 그러다 보니 점점 유머러스한 사람으로 변하여 갔다.

유머화술을 배워 얻은 것 5가지

내가 유머를 배워 얻은 것은 5가지다.

첫째로, 긍정력 향상이다. 세상과 사람을 긍정으로 바라보는 눈이 많아졌다. 부정적 사고가 더 줄어든 것이다.

둘째로, 자존감 향상이다. 나 자신을 더욱 존경하게 됐고 상대도 존경하며 칭찬하는 습관으로 많이 바뀌었다.

셋째로, 경청이다. 상대 말을 들어 주며 눈 마주치고, 미소 보내고, 긍정과 칭찬으로 맞장구쳐주는 습관이 늘어났다.

넷째로, 창의력 향상이다. 선입견과 고정관념에서 벗어나 아이디어가 풍부해지면서 톡톡 튀는 말을 자주하게 되었다.

다섯째로, 인기맨이 되었다. 유머를 섞어 대화하다 보니 나를 좋아하면서 유머러스하다는 말을 많이 듣는다.

사랑에 빠지면 뭐든지 예뻐 보이고, 잘해 주고 싶고, 이해하고 용서해 주고 싶듯이, 유머에 빠지면 상대를 즐겁게 해주고

싶고, 장점을 찾아 칭찬해 주고 싶어진다. 이게 서로 행복해지
는 '유머 사랑'이다.

행복은 셀프, 인생은 헬프

지금은 셀프시대이다. 셀프식사, 셀프디스, 셀프인생, 셀프
행복, 셀프칭찬, 셀프플렉스, 셀프리더십 등등

행복은 셀프다.

행복은 어느 누구도 팔지 않는다.

자기 스스로 노력해서 생산해야 하는 인생 필수품이다.

행복은 스스로 만들어내는 자가 발명품이다. 언제나 내 곁에
있는 것이다. 행복은 구한다고 얻어지는 것이 아니다. 늘 기쁘
게 살아가려는 마음을 가지면 행복은 저절로 찾아온다.

인생은 헬프이다.

셀프를 통해 자신의 삶을 주도적으로 이끌고, 헬프를 통해
남들로부터 필요한 도움을 받아 균형 있는 삶이 된다.

셀프가 지나치면 고립될 수 있고, 헬프가 지나치면 의존적이
될 수 있다. 셀프와 헬프를 통해 우리는 더 나은 삶을 살 수 있
으며, 궁극적으로 더 큰 행복과 성장을 이룰 수 있다.

나 혼자 스스로 해 나가는 셀프(self) 인생도 좋지만, 서로 돕
고 살아가는 헬프(help) 인생이 더 보람된 인생 삶이다. 인생은
셀프지만, 헬프가 필요한 이유이기도 하다.

- **셀프녀, 헬프녀, 헤픈녀**

  그녀에게 혼자만 생각하고 살아가는 '셀프녀' 되지 말고, 도우며 함께 살아가는 '헬프녀'가 되라고 했는데, 내 말을 듣지 않고 '헤픈녀'가 되어 버렸다. 그 '헤픈녀'는 웃음이 헤픈 여자로 인생을 성공했다.

- **셀카놀이로 셀프사망**

  사진 찍기를 좋아하는 사람들. 셀카 찍다가 사망하는 사람이 늘어나고 있다. 셀카놀이가 셀프사망 될라.

- **음식이 나올 때 속담 변화**

  구시대: 어른이 수저 들기 전에 먼저 먹지 말라.

  현시대: 음식은 셀카 찍기 전에 먼저 먹지 말라.

행복한 사람들은 혼자 보내는 시간이 더 적고, 타인과 함께 보내는 시간이 더 많았으며, 특히 매우 행복한 사람들은 많은 시간을 가족, 친구 또는 연인과 함께 보냈고, 매우 불행한 사람들은 월등히 많은 시간을 혼자서 보냈다.

행복해지고 싶다면, 사람들과 어울려라.

행복은 혼자서 찾을 수 없다.

우리나라 행복 심리학 분야의 선구자인 연세대학교 서은국 교수는 "행복은 사랑하는 사람과 맛있는 음식을 먹는 것."이라고 정의한다. 아무리 바쁠지라도 매일 조금씩이라도 시간을 내어 사랑하는 사람들과 함께하도록 한다. 그러다 보면 행복은 자연스레 당신을 찾아올 것이다. – 법무사 2022년 5월호 〈행복의 심리학〉 중에서

아름다운 착각 속의 행복

아름다운 착각 때문에 행복을 느낄 때가 있다.

착각은 자유이지만, 자기가 행복하다는 착각에 빠져야 행복을 누릴 줄 아는 사람으로 살아진다.

가끔은 가벼운 깃털을 달고 자기만의 괄호를 치고 들어가 앉아 행복하다는 착각에 빠져 단순하게 살아내는 내가 되는 것도 행복을 누릴 줄 아는 사람이 된다.

착각하고 있는 동안은 행복하다.

- 남자들의 착각. 못 생긴 여자면 꼬시기 쉬운 줄 안다.
- 여자들의 착각. 뒤따라오는 남자가 있으면 자기에게 관심 있어 따라오는 줄 안다.
- 대학생들의 착각. 자기가 철든 줄 안다.
- 엄마들의 착각. 자기 애는 머리는 좋은데 공부를 안 해서 공부를 못하는 줄 안다.
- 이 글을 읽는 사람들의 착각. 자기는 안 그랬는 줄 안다.

[아름다운 착각]

한 여자가 신부님을 찾아와 회개할 것이 있다고 고백했다.

"신부님, 저는 거울을 보면 제가 너무나 아름다운 모습에 반합니다. 이것도 죄가 될까요?"

이에 신부님은

"아닙니다. 아름다운 착각은 죄가 되지 않습니다."

세상에서 가장 아름다운 착각은 자신을 아름답게 보고 믿는 것이다. 착각은 삶의 윤활유와 같아 필요하기도 하다. 착각이란 윤활유가 없다면 세상과 마찰하는 내 삶이 분노로 인해 마모되는 것을 막을 수 없다.

[행복은 돈으로 살 수 없어!]

사람들은 부자가 되어야 행복해
진다고 생각해.
그렇다면 행복은 돈으로 사기에
는 엄청 비싼 것이지.
그래서 가난하면 돈으로 행복은
살 수가 없다는 거야.
왜 그런지 알아?

많은 돈이 들어가지. 우린 그 돈이 없어
우리가 살 수 있는 거는 기쁨이야.
뭐 다이소에 가서 맘에 든 거 하나 사면 기쁘지?
그걸로 우린 만족하는 거야.
그니까 기쁨은 돈으로 살 수 있어.
지금 다이소에 기쁨 사러 가자.

명품 유머
스타일러가 된다

◆ 좋은 대화를 위한 3가지 황금률
· 설득의 3요소: 신뢰, 논리, 공감
· 대화의 3요소: 인정, 긍정, 존중
· 스토리 3요소: 열정, 재미, 공감

나만의 스타일 브랜드 시대

자신의 삶을 멋지게 스타일링 하는 사람들의 인기 비결을 보면 '유머와 재미'에 있다. 사람이 살아가는 기본 욕구로 즐기고 싶다는 감정의 욕구를 맞추어 주기 위해 서비스를 보태는 것이다.

어느 과학자가 자신을 소개할 때 '과학만 잘하는 사람'이 아니라 '과학도 잘하는 사람'이 되고 싶다고 말했다. 크로스오버 브랜드는 뭔가 한 가지 잘하는 사람은 다른 것도 잘한다는 인상을 심어준다.

법률가들은 냉철하고 예리하면서 논리적으로 말은 잘하지만 재미있게 말하지는 못한다. 법률 직업인은 인정에 끌려 다닐 수 없고 정확한 판단을 중요시하다 보니 유머나 웃음과는 거리가 멀다. 법원 재판을 보라. 한쪽에서는 빚 갚으라고 판결하고, 다른 한쪽에서는 빚 탕감해 주라고 판결하는 상황에서 유머가 나오겠는가?

법률가의 미꾸라지 전략

사실이 당신에게 불리하면 법을 논쟁한다.

법이 당신에게 불리하다면 사실을 논쟁한다.

법과 사실이 다 불리하면 "뭐 이런 법이 있어!" 소리친다.

그럼 우리보고 어쩌라고?

오죽하면 '조개 입은 칼로 열고, 변호사 입은 돈으로 연다.'라는 말과 '인권' 변호사는 없고 '이권' 변호사만 있다는 비아냥거리는 말이 나왔을까. 변호사들이 들으면 참 기분 나쁜 말이다. 이처럼 법률가들의 상담은 사이다 상담을 해 주지 않는다. 자기 말만 옳다고 우길 뿐이다.

• 법률가는 현재를 처리하는 자이고,

　미래를 예측하여 이끌어 가는 사람이 아니다.

• 법률가의 생각

　동의(同意)하면 인락이 되고,

　동감(同感)하면 자백이 되고,

　공감(共感)하면 수긍하게 되니 재판에서 불리하다.

유머 스타일러가 되는 습관

나만의 유머 스타일을 가지라.

나는 법무사지만 유머 스타일로 변한 사람이다.

나는 어렵고 딱딱한 법률용어를 쉽게 이해시키려고 재미있게 설명하고 싶었다. 직업적 권위 의식을 내려놓고 재미있게 법률용어를 설명하는 뛰어난 유머 화술을 덧붙여 실력 있는 법률가로 거듭나기 위한 로테인먼트(Law-tainment. Law + entertainer 합성어로 내가 지은 신조어)가 되는 것이다. 나의 이미지를 '나는 유머 Law 산다.'로 변신하였다.

- 헌법 반대말은? 새법, 신법
- 법을 비껴가는 또 다른 법은? 편법
- 맘이 아프면 법원, 몸이 아프면 병원
- 사법부 불신에 냉소적인 유행어

  <u>법원</u>이란 <u>법</u>대로, <u>원</u>하는 대로 판결해 주는 곳이다.

  서민에겐 <u>법</u>대로, 부자에겐 <u>원</u>하는 대로,

  그래서 법원 판결은 그때그때 달라요.

유머는 먼저 자신에게 맞거나 좋아하는 유머자료를 모아 두어 외우고 써먹는다. 그다음 응용하여 써먹어 본다. 그러다 보면 유머를 요리하는 능력이 생긴다.

유머는 의외성과 긍정성이다.

먼저 의외성이다. 뜻하지 않았던, 예상치 못했던 것, 일상과

다른 엉뚱한 것들이 우리를 웃게 만든다. 웃음은 공감을 바탕으로 하므로 엉뚱하지만 공감할 수 있고 서로 통하는 것이 있어야 함께 웃을 수 있다.

그다음으로 긍정성이다. 남을 공격하고 비하해서 얻어내면 당장 웃을 수 있지만, 당사자와 다른 편에 있는 사람들에게는 고통이고 쓴웃음이 된다. 저열한 유머도 부정적이기는 마찬가지다. 긍정성을 지닌 유머가 공감을 얻게 된다.

메모하고! 외우고! 써먹어라!

다독(多讀), 다작(多作), 다상량(多商量)의 삼다론은 기본이다. 유머에 관한 책을 많이 읽고, SNS와 신문, TV예능프로 등을 통하여 유머를 수집하고, 유머학원에 다니면서 유머를 실천하여 보면 잘 되겠지만, 무엇보다 중요한 건 유머를 메모하고 외우고 써먹어 보는 습관에서 시작된다.

시중에 많은 유머에 관한 책들이 있다. 유머만을 모아놓은 것, 스토리로 엮어 놓은 것, 유머기법 등 다양하다. 다 사서 볼 것이 아니라 자신과 맞는 것만 사보고, 가능한 긴 유머는 외우지 말고 짧은 유머를 메모하고 외워 둔다. 나는 나에게 맞는 유머를 에버노트에 메모하여 두면서 내 생각을 추가로 메모하여 덧붙여 놓았다.

하루에 한 개 이상 유머를 실천하는 습관으로 작심 3년을 해 보면 유머가 된다는 사실이다. 모방은 인간의 영역이고, 창조는 신의 영역이다. 처음 1년은 유머책 등에서 얻은 유머를 그대로 외워 써먹는 모방유머였다. 2년 정도 되니 유머를 응용하는 능력이 생기게 되었고, 3년 정도 지나자 유머를 창조하는 능력이 생기게 되었다. 즉 유머는 모방 → 응용 → 창조로 발전이 된다.

공감소통 시대로 변했다

수직적 소통보다는 수평적 소통이다.

성공한 예능 MC들을 보면 그들은 대중 위에서 군림하는 수직적 관계를 일찌감치 버리고, 인간적인 모습으로 대중들과 함께하는 수평적 관계를 가꿔왔다는 것이다.

이성시대에서 감성시대. 기능중심에서 고객중심으로 변한 시대다. 설명은 논리에 의존하지만, 설득은 감성을 터치한다. 논리만 있으면 분위기가 없고, 감정만 있으면 알맹이가 없다. 좋은 대화를 위한 3가지 황금률은 신뢰, 논리, 공감이다.

우리는 공감소통을 원한다.

나와 다른 의견을 무조건 받아들여야 한다는 의미가 아니다. 그것은 공감이 아닌 수용이다. 상대가 나와 다른 생각과 의견 또는 행동을 하더라도 상대의 입장에서 존중해주는 것이 공감이다. 타인의 마음을 읽는 공감능력이 필요하다.

누구나 잘한 건 칭찬받고 싶고, 못한 건 응원받고 싶고, 힘든 건 위로받고 싶다. 그런데 거기에 당신이 훈계하면 좋겠는가? 사람 마음이란 내가 보여주는 만큼, 내가 들려주는 만큼, 내가 시간을 투자한 만큼 상대방도 따라오는 법이다.

[조화와 소통의 어울림]

- 자칭. 자랑하면 칭찬하라.
- 칭감. 칭찬하면 감사하라.
- 지사. 지적하면 사과하라.
- 충수. 충고하면 수용하라.
- 사용. 사과하면 용서하라.
- 한들. 한탄하면 들어주라.

이런 게 말의 음양이요 소통의 어울림이다. - 김진배

[공감소통]

겨울 추운 날 지인의 집에 가게 되었다.

현관문을 열자 더운 기운이 훅 끼쳤다.

나는 "참 따뜻한 훈풍이 나오네요." 인사말을 건넸다.

그랬더니 지인의 부인은

"상쾌한 공기가 들어오네요."라고 답을 했다.

이런 게 공감소통이다. 좋은 말에는 좋은 말이 돌아온다.

내가 상대방에게 존중받고 공감받고 싶은 것처럼, 상대도 똑같은 마음을 가지고 있다.

3

대화의 키맨,
웃음맨 된다

◆ **대화의 1.2.3 원칙을 활용하라**
  · 1분 동안 말하고,
  · 2분 동안 들으면서,
  · 3번 맞장구를 쳐주라.
※ 설득의 비밀은 듣기 70%, 말하기 30%

대화의 키맨(Keyman)이 된다

자신의 직업 관련 정보만으로 이야기하는 사람은 시스템 인간이다. 다양한 사람들과 공감대화가 어렵다. 좋은 대화를 하려면 다양한 경험과 나만의 스토리가 있어야 한다. 직장 이야기만을 하는 사람은 인맥을 넓히기가 어렵고 대화의 중심이 되지 못한다.

사람의 얼굴이 밝게 빛나고 웃음이 가득한 사람은 다른 사람에게 편안함을 주며 건강한 사람이다. 웃음은 유통기한 부작용 없는 최고의 명약, 마음의 양약, 즐거움을 주는 만병통치

약, 최고의 피로회복제라고 말하지 않는가. 나를 보고 웃어주는 사람. 나에게 칭찬 한마디 해 주는 사람이 제일 좋다.

- 남자는 잘 웃는 여자를 좋아하고, 여자는 잘 웃겨주는 남자를 좋아한다.
- 여자는 웃긴 남자를 좋아하는 게 아니고, 나를 웃게 해주는 남자가 좋은 것이다.
- 예쁜 여자는 오래 못 가고, 안 예쁜 여자는 그냥 못 간다. 그럼 너무 안 예쁜 여자는 어떨까? 아예 못 간다. 그런데도 그런 여자가 잘나갈 수 있는 것은 잘 웃어주기 때문이다. 남자들은 웃기는 여자에게는 "너! 까불지 마!" 하지만, 웃어주는 여자에게는 호감을 표시한다. 늘 웃어주는 여자가 되기를 바란다. – 김창옥 강의에서

대화의 공통 주제는 3S

현대인의 대화의 공통적인 주제는 3S(쓰리에스). Sports(운동). Screen(연예인), Sex(이성) 이야기다.

여자들이 싫어하는 것은 남자들의 군대와 축구 이야기인데, 군대에서 축구하는 이야기를 하면 얼마나 싫겠는가.

드라마를 알지 못하면 이야기가 되지 않는다는 아줌마들 법칙.

남녀가 이성에 눈을 뜨기 시작한 시대는 언제부터일까?

춘향전이 나온 시기였다고 한다. 그 이유가 이몽룡과 성춘향의 사랑

때문이란다. 이들의 성씨가 '이, 성'이라서.

대화의 키맨이 되기 위해서는 다양한 경험과 정보가 필요하겠지만, 내가 경험한 바로는 남녀 차이점과 심리학, 인간관계와 심리학, 성공 관련 정보 등을 많이 습득하면 대화의 중심에 무난하다는 생각이다.

- 스포츠와 정치 공통점은? 치열한 경쟁에서 승리
- 드라마와 정치 공통점은? 예측이 불가능한 사실을 전개
- 여자에게 지켜줄 3M은? 매너, 머니, 무드
- 남자에게 지켜줄 3가지? 매너, 머니, 누드
- 남자는 누드에 약해도 언제나 무드를 내밀고
  여자는 무드에 약해도 가끔씩 누드를 꿈꾼다.
- 대화를 보면, 남자는 다양한 소재로 짧게 하지만, 여자는 한 가지 소재로 길게 한다. 남자는 압축적(결론), 여자는 확장적(과정)

대화는 긍정적인 사람과 어울린다.

사람들 대부분의 대화나 생각을 보면 습관적으로 '원하는 삶'이 아니라 '피하고 싶은 삶'인 경우가 많다. 그 예로, '가난에서 벗어나고 싶다', '걱정 안 하고 살고 싶다' 등과 같이 부정어에 익숙하다.

이제부턴 부정어를 떠올리지 마라.

그런데 떠올리지 않겠다고 하면 더 떠오르는 이유는 뭘까? 그건 우리의 뇌는 말했을 때 부정어를 처리하는 게 아니라 그 이미지를 처리하기 때문이다. 따라서 앞으로 '가난에서 벗어나고 싶다'라고 한다면 '풍요 속에서 사는 나'를 떠올려야 한다.

긍정어를 습관화하라는 것이다. 우리가 뭔가를 사고 싶을 땐 그것에 집중하듯이 나에게 입력된 말에 맞춰진 세상을 바라보면 그렇게 간다는 것이다. 그래서 말은 그 사람의 인생이 된다고 한다.

호감형 사람의 대화 기술

우리는 누구나 호감형 인간이 되고 싶어 한다. 호감을 얻는 가장 좋은 방법은 매력적인 대화에 있다. 대화의 기술은 상대와의 공감 지지대를 세우는 것이다.

대화의 시작은 스몰 토크(Small Talk)로 시작한다.

통상적인 인사로 "날씨 좋습니다."와 같은 가벼운 대화를 스몰토크라고 한다. 상대의 사무실 등에 걸어 놓은 사진, 조형물, 상패 등을 유심히 보고 상대가 좋아하는 것을 찾아 그 주제로 대화를 삼는 것이 가장 좋은 스몰토크이다.

상대와 공통점이 있을 때 대화는 더 잘된다. 여기에 유머를 첨가하면 더욱 감미로워진다. 서로 좋아하는 공통점을 찾아야 하고 각자 차이점을 찾아서는 안 된다. 공통된 주제가 없다면 일상적인 쉬운 대화를 찾는다. 만나는 장소에 대한 교통편이나 날씨, 그 지역에 대한 첫인상 같은 것이다.

결국 모든 것의 기본 원칙은 한 가지

바로 상대 사람에게 관심을 가지는 것이다.

대화의 기법 3가지 코드력, 누드력, 무드력

- 서로의 눈높이와 관심을 맞추는 코드력,
- 서로의 약점을 투명하게 보여주는 누드력,
- 분위기 등이 받쳐주게 하는 무드력이 필요하다.

코드력은 함께하는 코드를 맞춘다. '하라'는 지시형 어미로 명령하기보다는 '하자'의 참여형 어미로 코드를 맞춘다.

누드력은 나의 투명한 누드를 보인다. 자신의 약점을 털어놓는 꾸밈없는 이야기는 깊은 인상과 감동을 준다.

무드력은 분위기 무드를 조성한다. 이야기에는 온기가 담겨야 한다. 온기로 정서 전염을 일으켜야 한다. 특히 개별적 분위기에서 계급장 떼고 이야기하는 것이 효과적이다.

– 기성의 〈리더의 언어방법〉 중에서

수다와 대화는 다르다.

여성들은 다정다감하여 누구하고도 이야기하기를 좋아한다. 자기가 가지고 있는 감정이나 생각을 어느 누구에겐가 털어놓지 않으면 답답증이 나서 못 견딘다.

수다가 대화를 능가할 때도 있다. 마음에 담겨있는 답답함을 속 시원하게 풀어주기 때문이다. 내가 하는 수다는 나와 상대 모두가 공감할 수 있어야 한다. 자기주장만 내세우면 가까이 하기에 먼 당신이 된다.

수다와 대화 어느 것이 더 좋을까. "엄마가 좋아 아빠가 좋아" 하고 물어보는 것과 같다.

웃음은 인간에게 내린 선물

당신은 웃을 때가 가장 아름답다. 웃음보다 얼굴 모습을 밝게 해주는 화장품은 없다. 웃으며 즐겁게 살면 몸에서 좋은 호르몬이 나온다.

[몸에 좋은 호르몬]
- 웃을 때 나오는 엔도르핀.
- 즐거울 때 나오는 다이돌핀.
- 행복할 때 나오는 세로토닌.
- 사랑할 때 나오는 옥시토신.

사람의 얼굴은 각자의 명품이기 때문에 모든 사람의 얼굴은 다르고 웃는 것도 다르고 직업별로 다르다.

"여러분! 어떻게 웃으신가요? 하하하? 허허허? 이렇게 웃으신가요? 저는 요리사입니다. 그래서 '쿡쿡쿡' 하고 웃습니다."

[직업별 웃음 시리즈]

- 형사는 후후후(who who who)
- 요리사는 쿡쿡쿡(cook cook cook)
- 어린이는 키득키득(kid kid kid)
- 축구선수는 킥킥킥(kick kick kick)
- 악마같은 사람은 헐헐헐(hell hell hell)
- 여자보고 좋을 때는 걸걸걸(girl girl girl)
- 바람둥이 여자는 히히히(he, he, he)
- 바람둥이 남자는 허허허(her, her, her)

- 자신을 낮추는 웃음. 하하하(下)
- 누군가 호감할 때 웃음. 호호호(好)
- 기쁠 때 좋아하는 웃음. 희희희(嬉)
- 속이 빈 사람들의 웃음. 허허허(虛)

사람만이 웃는 것이 아니다. 사물이나 물건들도 웃는 모습으로 진열해 놓으면 보기도 좋다.

- 고추가 웃으면 풋고추, 크게 웃으면 핫고추
- 바나나가 웃으면 바나나킥, 사과가 웃으면 풋사과
- 빵이 웃으면 호빵, 공이 웃으면 풋볼
- 소가 웃으면 우하하, 소가 웃겨 버리면 우끼네
- 칠판이 웃으면 킥보드, 곰돌이가 웃으면 푸하하

우유가 넘어지면 어떻게 될까?
쏟아진다. 아니다. "아야" 한다.

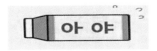

4

유머는 내가 주는 선물이다

◆ 이것이 유머 선물이다!
· 내가 웃겨줘야 상대가 웃는다.
· 상대가 나를 웃겨 주겠는가?
· 내가 웃겨주니 상대가 웃는다.

유머는 내가 주는 행복 선물

누군가에게 웃음을 준다는 게 얼마나 행복한 일인가?

유머는 상대를 즐겁게 해주지만 무엇보다 나를 더욱 즐겁게 한다. 또한 유머는 상대의 마음을 열게 하면서 나를 긍정의 생각으로 바꾸게 한다. 그래서 유머를 통하여 대화하면 서로 마음의 문을 열게 되어 소통이 잘 된다.

참기름 한 방울이 더 맛있는 반찬을 만들어 주듯이 유머는 대화의 조미료 역할을 한다. 하지만 유머를 너무 많이 사용하면 느끼해서 오히려 맛이 떨어진다. 대화에 적절한 유머를 불어 넣으면 맛깔 나는 대화를 가지게 된다.

  웃음은 하늘이 내려준 선물이라면, 유머는 내가 상대방에게 주는 행복 선물이다. 행복하기 때문에 웃는 것이 아니고 웃기 때문에 행복하다는 말이 있지 않은가. 웃게 하는 것은 무엇인가? 바로 유머이다.

  꽃이 가장 아름다울 때는 활짝 필 때.
  사람이 가장 아름다울 때는 활짝 웃을 때.

요일별	웃고 사는 사람	화내고 사는 사람
월요일	**월**등하게 웃고	**월**등하게 화내고
화요일	**화**통하게 웃고	**화**끈하게 화내고
수요일	**수**수하게 웃고	**수**틀리면 화내고
목요일	**목** 터지게 웃고	**목**소리 높여 화내고
금요일	**금**방 웃고 또 웃고	**금**방 다시 화내고
토요일	**토**실토실 웃고	**토**라지며 화내고
일요일	**일**어나자 웃고	**일**단 화를 내고

  웃으면서 사는 사람은 웃는 날을 만들어 살아가지만, 화내는 사람은 짜증을 만들어 살아간다. 웃는 사람과 화내는 사람의 운명은 어떻게 바뀔까? 곰곰이 생각해 보면 내가 어떻게 살아가야 하는지 답이 나온다.

행복한 하루 3가지 습관

웃어라! 감사하라! 감탄하라!

당신의 일주일이 웃으면 엔도르핀, 감사하면 세로토닌, 감동하면 다이돌핀 호르몬이 많이 나온다. 건강 장수에 최고다. 진시황 불로초보다 훨씬 더 좋다.

세상은 힐링과 킬링

힐링에 좋은 방법은 무엇일까?

인생 살아가면서 사람 때문에 스트레스를 받는다. 그래서 이를 푸는 것도 사람들과 어울려 지내는 것인 힐링이다. 나에게 상처를 준 것도 사람들이지만, 그 상처를 치료해준 것도 역시 사람들이다.

어떻게 어울릴 것인가?

어울린다 해도 무슨 재미로 재미있게 보낼 것인가? 누가 나를 재미있게 해준단 말인가. 그 답은 내가 재미있는 사람이 되는 것이다.

애견으로 힐링? 애인으로 힐링?

어느 것이 더 나을까?

그 답은 우리말로는 아리송해, 일본어로는 아리까리, 중국어로는 갸우뚱갸우뚱, 독일어로는 애매모호, 프랑스어로는 알쏭

달쏭. 북한말로는 까리까리

힐링이 대세다. 힐링은 킬링 없이 불가능하다. 킬링은 죽이는 것이요, 힐링은 살리는 것이다. 힐링은 병든 것을 치유하는 것이요, 무너진 것을 회복하는 것이요, 고장난 것을 고치는 것이다.

힐링(healing)과 킬링(killing)은 상보적이자 상반적이다. 힐링은 킬링을 치유한다. 반면 킬링이 없다면 힐링할 필요가 없다. 힐링 없는 킬링은 사회를 사막화시킨다.

• 부모는 가정의 힐러가
• 낮에는 당신의 마음을 치유해 주는 힐러가
  밤에는 당신의 마음을 빼앗아 가는 킬러가
• 애인은 킬링, 킬러가, 힐링, 힐러가 되기도 한다.
  그래서 힐러가로 결혼하고, 킬러가로 이혼한다.

[신혼부부의 명절]
어느 한 신혼부부의 남편은 명절에 엄마 집에 가서 연휴를 보내자고 한다.
남편의 제안에 아내는 고민이 된다.
남편은 '힐링(healing)'이 되겠지만,
아내는 '킬링(killing)'이 된다.
남편은 이 사실을 알까?

선물과 뇌물의 차이

선물은 기쁜 마음으로 주고, 뇌물은 싫은 마음으로 준다. 받는 기쁨은 짧고 주는 기쁨은 길다 했던가. 뇌물 받는 자는 기억을 오래 못 하지만, 뇌물 주는 자는 기억을 오래 한다.

공무원들에게 항상 붙어 다니는 것은 뇌물이다. 이걸 한 번도 받지 않은 사람은 '천연기념물'이다. 그래서 공직생활에서 뇌물 받은 일 없다고 자랑하면 "오~ 그대는 천연기념물! 당신을 국가유산청에 천연기념물로 등재하시지요."라며 불편한 칭찬 한 방을 날려 준다.

[선물과 뇌물의 차이점]
- 바라는 것 없으면 선물, 있으면 뇌물
- 받고 잠이 잘 오면 선물, 잠을 설치면 뇌물
- 받고서 걱정 없으면 선물, 걱정 생기면 뇌물
- 서서 웃으며 받으면 선물, 앉아서 그냥 받으면 뇌물
- 선물과 뇌물 공통점은? '국물이 있다.'
- 내가 주는 것은 선물이고, 네가 주는 것은 뇌물이란다. 두 쪽의 얼굴. 선물은 떡값이고, 뇌물은 정치자금이라는 꼴이다.
- 선물 받으면 눈물이 나고, 뇌물 받으면 핏물이 된다.

[도독의 선물]
신혼부부에게 한 통의 편지가 도착했다.
편지를 보니 "수고가 많다. 내가~ 누구인지 알겠어?"라는 글과 함께 영화 관람권 2장이 들어 있었다. 부부는 장난기가 많

은 친구가 보낸 것으로 생각하고 영화관에 갔다.

영화를 보고 집에 돌아와 보니 도둑이 들어와 살림을 다 털어 가고 작은 쪽지가 놓여 있었다.

"이제~ 누군지 알겠지!"

[가장 좋은 선물]
- 가장 나쁜 감정은 질투.
- 가장 무서운 죄는 두려움.
- 가장 큰 실수는 포기해 버리는 것.
- 가장 어리석은 일은 결점만 찾아내는 것.
- 가장 무서운 사기꾼은 자신을 속이는 자.
- 가장 심각한 파산은 의욕을 상실해 버리는 것.
- 그러나 가장 좋은 선물은 용서. – 프랭크 크레인

[아내의 선물]

잔소리를 많이 하는 아내

오늘은 어찌된 일인지 큰 맘 먹고 남편 생일선물로 '묘지 터'를 사 주었다.

남편은 기분이 좋았다.

다음 해 생일이 돌아왔다.

아내는 묘지를 잘 사용하라는 덕담도 하였다.

그러더니 그 다음날부터는……

왜 그 묘지 안 쓰냐고 잔소리 해 댄다.

5

자존감 UP!
긍정력 향상된다

◆ **세상에서 가장 소중한 사람은?**
· 한 글자로 말하면 '나'
· 두 글자로 말한다면 '또 나'
· 세 글자로 말한다면 '역시 나'
· 네 글자로 말한다면 '그래도 나'
· 다섯 글자로 말한다면 '다시 봐도 나'

가장 강력한 자산은 자존감

세상에서 가장 맛있는 감은? 자존감!

세상에서 가장 맛없는 감은? 열등감!

유머는 자존감을 쏘아 올리고, 열등감을 폭발시킨다.

우리는 내가 나를 칭찬해야 함에도(자존감 상승) 내가 나를 부정하는 것부터 시작된다(자존감 감소).

내가 나의 편이 되고 긍정할 때 자존감은 올라간다. 우선 잊지 말아야 할 것은 내가 나를 인정하는 것이다. 내가 대단하고 모든 게 완벽해 인정하는 것이 아니라 그냥 내 모습을 있는 그대로 인정하는 것이다.

인간관계의 법칙

심리학에서 '2:7:1 법칙'을 새겨 두면 좋다.

이 법칙은 내가 아무리 타인에게 잘 보이려 노력해도 두 명은 나를 싫어하고, 일곱 명은 나에게 관심이 없고, 한 명은 날 좋아한다는 것이다. 반대로 다른 사람 눈치 보지 않으며 하고 싶은 이야기 다 하며 살더라도 여전히 두 명은 나를 싫어하고, 일곱 명은 나에게 관심이 없고, 한 명은 나를 좋아한다는 것으로 나타난다는 것이다.

인간의 뇌 속에는 기본적으로 '모든 사람에게 사랑받고 싶다'라는 욕구가 있으므로 타인의 마음에 들기 위해 많은 노력을 하게 되는데, 이 노력이 도리어 나를 더 아프게 한다. 타인의 마음은 내가 통제할 수 있는 것이 아니다. 그래서 나의 자존감을 내려놓으면서 타인에게 잘 보이려고 애쓸 필요가 없다. 내 모습 있는 그대로 인정하여 주며 사는 것이다.

다음 3가지 말버릇이 있다면 자존감이 낮다는 것이다.

늘 습관적으로 부정적이거나 불평을 늘어놓는 사람으로.

① 습관적으로 "미안해요", "죄송해요"라는 말을 자주 하는 사람. 자신을 지나치게 낮추는 말을 습관적으로 자주 하면 자연스럽게 자존감이 하락하게 된다.

② 상대방의 고민에 "신경쓰지 마", "걱정하지 마"라는 반응을 보이는 사람. 이런 말을 하면 더욱 신경 쓰이고, 더 걱정하게 되는 게 인간 심리다.

③ "넌 참 좋겠다.", "정말 부럽다." 등 신세 한탄하는 사람. 이 말은 부정적인 뜻을 품고 있어 "나는 왜 그렇지 못할까?" 하는 신세 한탄이나 선망하는 마음이 숨어있다.

반대로 다음 3가지 말버릇이 있다면 자존감이 높다는 것이다.

① 쉽게 탓하지 않는다. 자신의 능력을 탓하지 않고 외부에 원인을 돌리지 않는다.

② 자신의 능력을 온전히 믿는다. 자기효능감이 높다. 부정적인 상황에도 쉽게 무너지지 않는 멘탈을 갖고 있다.

③ 생각의 틀을 자유롭게 바꾼다. 생각의 틀을 자유롭게 바꾸어 문제를 창의적으로 해결하려고 노력한다.

– 이마이 가즈아키 저 〈자존감이 쌓이는 말, 100일의 기적〉 중에서

[부인의 자존감]

어떤 자리에 모인 부인들은 자신의 가방, 목걸이, 반지 등을 명품이라며 서로 자랑한다.

그중 아무 말도 하지 않는 부인에게 질문을 했다.

"너는 어떤 명품을 가지고 있어?"

그 부인의 한마디

"난 내가 명품이야!"

사람은 품은 대로 보인다

사람의 마음속에 품은 것은 입으로, 눈으로 보이게 된다. 망치를 들고 있으면 세상이 다 못으로 보이고, 주먹을 쥐고 있으면 세상이 다 샌드백으로만 보인다. 하지만 웃음을 쥐고 있으면 행복만이 보인다.

나 자신의 얼굴을 자신이 직접 볼 수 없고 거울을 통하여 볼 수 있듯이, 내 행동을 제대로 알기 위해서는 남에게 어떻게 대하고 바라보는가를 생각해 보아야 한다. 세상을 긍정으로 보면 살맛나는 '풍진 세상'이 되지만, 부정으로 보면 너무 힘들고 더러운 '모진 세상'으로 보게 된다.

위 그림을 보는 생각이 모두 부정적이다. 반대로 모두 긍정적으로 생각하면 어떨까? 당신이 보는 생각이다.

[돈시돈 불시불]

조선의 태조 이성계가 무학대사에게

"내 눈에 당신은 돼지같이 보입니다."라고 하자

무학대사는 이성계에게 "내 눈에 왕은 부처같이 보입니다."
라고 했다.

기분이 좋아진 이성계가 "정말 내가 부처같이 보입니까?"라
고 되묻자

무학대사는 "부처의 눈에는 부처가 보이고, 돼지의 눈에는
돼지만 보입니다."라고 했다.

다 아는 유명한 말이다. 뭐 눈에는 뭐만 보인다는 뜻이기도
하다. 남의 결핍을 먼저 보느냐, 긍정적인 것을 먼저 보느냐는
사람의 됨됨이를 가려보는 척도이다.

나를 남과 비교하지 말고 어제의 나와 오늘의 나를 비교한
다. "누구누구는 그렇게 잘하는데 너는 왜 그래?"라는 비교의
말을 하면 마이너스 효과가 일어나지만, "난 네가 잘할 것이
라고 믿어"라는 애교의 말을 하면 플러스 효과가 있다. 믿음과
신뢰의 말로 받아들이기 때문이다.

• 세상에서 불행한 단어는 '비교',
• 세상에서 행복한 단어는 '애교'
• 비교는 기쁨을 죽인다. — 마크 트웨인

- 비교를 멈추면 행복해지고, 애교를 더하면 더 행복해진다.
- 욕심이 더하기를 할수록 행복은 자꾸 빼기를 한다.
- 사회적 비교는 행복을 갉아먹는 대표적 행동이다.

에너지스타 곽동근 유머 강사에게 들은 것이다.

잘되는 사람은 잘되는 생각을 하고, 안 되는 사람은 안 되는 생각을 한다면서 이를 노래로 말한다.

♫ 잘돼 잘돼 잘돼생!

♫ 안돼 안돼 안돼생!

인생 즐거움은 내가 스스로 만들어 간다. "인생 재미없어!" 하는 사람은 스스로 자신이 재미없게 사는 인생을 만든다.

늘 외쳐라! 나는 즐거운 사람이다!

늘 외쳐라! 나는 잘살 수 있다!

늘 외쳐라! 나는 좋은 사람이다!

자기 자신에게 '잘돼생'으로 끊임없이 외쳐라!

그리고 상대의 말에 감탄하고 인정하라.

감탄해 주는 말 한 글자. 오!

인정해 주는 말 한 글자. 예!

오!! 예!!

[남편의 재치]

아내는 주방에서 요리하면서 남편에게 말을 건넨다.

"여보! 옆집 아줌마는 아저씨가 백화점 가자고 하더니 500만

원이나 하는 코트를 하나 사주었다고 자랑하네."

이에 남편이 하는 말

"참 그 아저씨 불쌍하네."

아내 : "아니! 뭐가 불쌍해요? 멋진 남자지!"

남편 : "생각해 봐! 아내가 못생겼으니까 옷으로 덮으려고 한 거지. 당신처럼 예쁘면 옷으로 치장할 필요가 없잖아!"

아내는 남편에게 옷 하나 사주라는 신호를 보냈지만, 그럴 처지가 되지 않는 형편에서 남편은 아내의 장점을 살려 이를 존중하는 재치있는 유머를 날린 것이다.

[맞추다보면 부부가 되는 인생]

- 1단계: 눈 맞추면 설레고 (아이컨텍),
- 2단계: 입 맞추면 달콤하고 (키스),
- 3단계: 맴 맞추면 행복하다 (공감).
- 4단계: 배 맞추면 부부가 된다.
- 5단계: 발 맞추며 같은 방향을 보고 간다.

그러나 '등 맞춤'은 하지 않는 게 좋다.

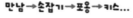

만남→손잡기→포옹→키스...

6
남과 다른
아이디어가 나온다

◆ 유머 급수
· 유머를 아는 사람은 수강생
· 유머를 좋아하는 사람은 아마추어
· 유머를 즐기는 사람은 프로

고정관념을 뒤집는 역발상

아이디어는 역발상에서 나온다. 글자를 뒤집고, 돌리고, 나누고, 생각도 뒤집어 본다. 사진도 사물도 거꾸로 보거나 돌려 보면 달리 보인다.

'자살'을 거꾸로 읽으면 '살자!'가 되고

'역경'을 거꾸로 읽으면 '경력!' 되고

'인연'을 거꾸로 읽으면 '연인!'이 되고

'내힘들다'를 거꾸로 읽으면 '다들힘내!'

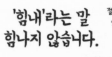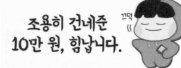

'가난' 거꾸로 읽어보면 '난가?'

'할 수 없는 것'을 찾으면 할 수 없는 '걸림돌'만 놓이고, '할 수 있는 것'을 찾으면 할 수 있는 '디딤돌'이 놓인다.

법 앞에서 평등하듯이 밥 앞에서도 평등해라.

누구는 입이고 누구는 주둥이가 아니다.

하지만 사회는 그렇지 않다.

밥은 법보다 힘이 세다.

• 재벌은 핏줄이 웬수고, 권력은 측근이 웬수다.
• 권력이 너무 커서 철창신세가 되기도 하고,
  재산이 너무 많아 쪽박신세가 되기도 한다.
• 기업은 분식 때문에 죽고, 인연은 가식 때문에 죽는다.
• 권력과 미모는 지배하고 있을 때만 효력이 있다.

지금은 아이디어 시대

과거와 같이 허리띠를 졸라매고 다시 뛰면 골다공증만 생긴다. 지금은 머리띠를 매야 한다. 머리띠 매고 다시 뛸 것이 아니라 새롭게 뛰어야 한다. 운동화끈, 구두끈 새롭게 매고 뛰면서 아이디어를 생산해 내야 한다.

- 아이디어가 떠오르면 늘 함께해라. 아이디어를 놓치지 말고, 제대로 구현될 때까지 굴려라.
- 미래를 예측할 수 있는 정보가 고급 정보이다.
- 모범과 창의력이 행동의 두 축을 이룬다. – 도교

- 노동력 시대는 허리띠 매고 뛰기
- 창의력 시대는 머리띠 매고 뛰기
- 앞으로는 팬티끈까지 매고 뛰어야 하나?

창의력을 낼 수 있는 8가지 비밀노트 '분추똑대포반차스'

기존의 틀을 깨는 이상적인 질문을 찾아 열린 마음으로 다르게 생각하면 누구나 세상을 바꾸는 멋진 아이디어를 낼 수 있다. 천재들의 창의성이 우리들의 상식이 되는 비밀코드는 8가지 공통점이 있다고 한다.

① 분. 분할 쪼개 보세요. (커터 칼날, 조각 피자)

② 추. 추출 필요한 것만 골라내세요. (비타민, 콘택트렌즈)

③ 똑. 똑같을 필요 없어요. (빨대 주름, 스낵 뜯는 곳)

④ 대. 대칭 고집하지 마세요, 비대칭도 괜찮아요. (좌우 다른 이어폰, 젓가락, 앞뒤 다른 우산)

⑤ 포. 포개보면 어때요. (접이식 사다리, 레고)

⑥ 반. 반대로도 해봐요. (역경매, 이동도서관, 러닝머신)

⑦ 차. 차원을 바꿔보세요. (입체 아파트)

⑧ 스. 스스로 하게 해요. (센서 수도꼭지, 로봇청소)

– 세바시 487회 '천재들의 창의성이 우리들의 상식이 된다.'

신정호 이트리즈 대표.

유튜브 영상 : http://youtu.be/wbVMLu1iXWo

• 아들 대학 졸업식

2016년 나의 아들이 Y대학교 학위수여식에서 총장의 졸업식사를 요약하여 메모해 둔 내용이다. "가장 강조하고 있는 것은 호기심을 갖고 살라는 충언이다. 창의적인 학생은 새로운 질문을 던지지만, 그렇지 못한 학생은 남의 질문에 답하는 데만 골몰한다. 범람하는 정보 속에서 나만의 새로운 정보를 만들어 내라. 세상을 호기심을 가지고 새롭게 쳐다볼 때 새로운 시각과 새로운 길이 열리게 될 것이다. 도전하라. 실패를 두려워하지 말라. 성공은 많은 시행착오를 거쳐 이뤄지는 것이다. 범람하는 정보 속에서 여러분만의 새로운 정보를 만들어 내기를 바란다."

이 졸업식사에서 강조하고 있는 말은 '호기심 도전'이다.

그렇게 생각하고, 그렇게 염원하면, 그렇게 이루어진다. 무엇이 될 것이라는 간절한 기대를 하고 구하면 소원을 이룰 수 있다는 것이 '피그말리온 효과'이다. 긍정으로 무엇이 될 수 있다는 태도로 대해주면 상대는 거기에 부응해 노력하게 되고 기대를 저버리지 않는다는 기대의 법칙이다.

사람을 변화시키는 것은 꾸중보다는 칭찬과 격려다. 칭찬과 격려는 귀로 먹는 최고의 보약이다. 타인이 나에게 기대나 관심을 두고 칭찬해 주는 것만으로도 실제 결과가 좋아지는 현상으로 로젠탈 효과(Rosenthal Effect)와 같다.

[어느 회사 입사 시험의 문제]

당신은 거센 폭풍우가 몰아치는 밤길을 운전하며 버스정류장 앞을 지나는데 그곳에는 세 사람이 앉아 있습니다.

죽어갈 듯한 병든 할머니, 당신의 생명을 구해준 친구, 당신이 꿈에 그리던 이상형

당신은 단 한 명만을 차에 태울 수 있습니다.

당신은 죽어갈 것 같은 할머니를 태워 병원에 데려다주어 그의 목숨을 우선 구할 수도 있을 것이고, 당신의 생명을 구해준 친구를 태워 은혜를 갚을 수도 있을 것이고, 이 기회가 지나고 나면 꿈에 그리던 이상형을 다시는 만날 수 없는 상황에 있습니다.

당신은 어떤 사람을 태우겠습니까?

위 문제에 설명이 필요 없는 명답은?

"제가 차에서 내려 친구에게 차 열쇠를 주며 할머니를 병원에 모셔 가도록 부탁하죠. 그리고 저는 나의 이상형과 함께 버스를 기다릴 겁니다."

7
대화의 스킬은
공감소통이다

◆ **공감대화의 기술 5가지**
· Yes And But. 공감대화를 하라.
· No I Yes 반감대화를 금하라.
· 더블바인드. 예스로 이끌어라.
· 아론손 화법. 긍정으로 끝내라
· 백트래킹. 말꼬리를 되풀이하라.

공감대화 Yes And But

"(Yes) 네 말도 맞지만 (But) 내 생각은…"

내가 인정받고 싶다면 먼저 상대방을 인정해야 한다.

내가 상대방에게 "당신 말 틀렸소!"라고 하면 상대방이 내 말에 동의할까? 불가능하다. 사람의 심리가 그렇다. 내가 상대를 부정하면 상대도 나를 부정한다.

(Yes) 먼저 상대를 인정해 주는 것이다. 상대를 있는 그대로 봐주는 것이다. "아, 그렇군요.", "그랬군요." 공감을 한 후에 내가 하고 싶은 이야기를 한다.

56

(But) "그런데, 나는 이렇게 생각해." 또는 "하지만 이런 면도 있지 않을까?"와 같이 나의 의견을 주는 것이다.

내가 가장 먼저 김진배 강사로부터 배운 화술기법이다.

서로 생각이 다르더라도 먼저 상대를 인정한 후에 나의 의견을 제시하는 되치기 화법이다.

상대의 의사를 존중할 줄 아는 사람이라는 인상을 준다. 어떤 사실을 인정하는 것이 아니라 상대방의 생각에 공감해 주는 것이다. 옳고 그름을 따지지 않고 상대의 생각과 마음을 이해하는 공감화법이다.

제1호 유머강사 김진배도 나와 뜻이 다른 사람, 독특한 의견을 가진 사람에게도 "바로 그거야" 등으로 인정의 말을 해 준 후에 나의 의견을 제시하라 한다. 내가 알고 있는 한 지인도 늘 "맞아요."라는 말을 많이 한다. 같은 말을 계속 반복하다 보면 나만의 습관어가 되고 상대에게 신뢰도 생긴다.

반감대화 No! I Yes!

"(No) 그게 아니고! (Yes) 내 말은…"

바로 상대의 말을 부정하는 반감대화의 시초이다.

상대의 말에 바로 반론하는 것. 너 말은 틀렸고 내 말이 옳다는 것으로 생각하며 가르치려는 진실 따지기 순교자 노릇이다. 자신은 맞고 상대방의 잘못을 지적하는 것이 더 나은 관계를 위함이라는 우월적인 생각이 깔려 있다. 잘난 척 하는 자와 꼰대들의 단골 대화 습관이다. 부정어는 상대의 기분을 해치므로 삼가야 한다.

누구나 자신의 말에 반감하여 상대로부터 부정당한 기분이 들면 분노로 반응하게 된다. 자존감이 낮은 사람일수록 자존심이 상하여 화를 더 잘 내는 경향이 있다.

대화는 상대와 생각이 다르더라도 'Yes And But'으로 말하는 공감대화가 기본이다. 이것은 상대를 인정한다는 것이 아니라 일단 상대의 마음을 이해한다는 것이다. 설득이란 남의 이견을 존중하는 데서 시작된다. 먼저 감성을 지배해야 한다.

사람은 심리로 움직이고, 심리는 말로 움직인다. 사람의 마음을 움직이는 심리를 이해하고 말투를 웃음과 칭찬, 긍정으로 바꾸면 하는 일이 더 잘 풀리고 인간관계도 달라진다.

'Yes맨'이 될 것인가,
'X맨'이 될 것인가.
인간관계는 상호적이다.
내가 좋은 말을 던지면 상대도 좋은 말로 돌아온다.
상대방의 견해를 존중하라. 결코 "당신이 틀렸다"고 말하지 말라(카네기 인간관계론). 대화는 남의 이견(異見)을 존중하는 데서 시작해야 한다.

말 순서 아론손 화법

같은 말도 말하는 순서에 따라 받아들이는 것이 다르다는 아론손 화법. 단점을 말한 뒤 장점을 제시한다.

의사가 어려운 수술을 하게 되면서 환자에게 수술 동의서에 서명하라고 할 때 다음과 같이 말할 수 있다.

- 수술 후 생존율 80%(긍정적), 사망율 20%(부정적)
- 수술 후 사망율 20%(부정적), 생존율 80%(긍정적)

같은 말로 동일한 결과이지만 환자는 전자보다 후자의 말에 수술에 쉽게 동의할 것이다. 이처럼 말 순서는 먼저 단점(부정)을 말한 뒤 나중에 장점(긍정)을 제시하는 것이 좋다.

- 품질 좋은 고가의 상품을 팔면서

  품질은 최고지만 가격이 조금 비싸다. = 비싸다는 생각이 먼저 들어 살 생각이 없어진다.

  가격은 조금 비싸지만, 품질은 최고다. = 비싸도 품질이 좋다는 말에 살 생각이 든다.

- 밤에 술집에 나가 아르바이트 나가는 학생에게

  학교 다니면서 술집 나가는 여자 = 불량 학생

  술집 다니면서 학교 다니는 여자 = 착한 학생

- 그 꽃은 예쁜데 가시가 많다. = 안 좋은 꽃으로 인식

  그 꽃은 가시가 많은데 예쁘다. = 좋은 꽃으로 인식

- 보험금 많이 탔지만, 남편이 죽었다. = 애처로운 생각

  남편이 죽었지만, 보험금 많이 탔다. = 그도 다행

이처럼 좋은 점(긍정)과 나쁜 점(부정)이 있을 때 나쁜 것은 먼저 말하고 좋은 것은 나중에 말한다. 소식도 나쁜 소식을 먼저 알리고 좋은 소식은 나중에 알린다. 질책과 칭찬도 마찬가지다. 질책을 먼저 하고 칭찬을 나중에 한다.

이처럼 같은 말이지만 말 순서만을 바꾸어도 받아들이는 느낌은 다르다. 나중의 말을 긍정어로 습관화 한다. 심리학에서는 전에 제시된 것보다 나중에 제시된 것이 더 기억된다는 것으로 이를 '최신효과'라고 한다.

※ 참고로, '프레임 법칙'이 있다. 같은 사람, 같은 상황, 같은 사물이라도 내가 바라보는 관점이나 질문의 방향에 따라 생각과 행동이 달라지고, 결과도 달라진다는 것이다. '세상을 바라보는 마음의 창'이란 것으로, 내가 보는 관점에 따라 긍정으로 또는 부정으로 보이게 된다는 것이다. 말의 순서에 따라 받아들이는 것도 다르지만, 내가 보는 관점에 따라 받아들이는 생각도 다르다는 것이다. 당신은 어느 쪽의 관점인가.

[아빠의 도전]
복면가왕 방송에 나온 어느 아빠
떨어지자 사회자는 소감 한마디 하라 한다.
"딸들이 나가보라고 해서 나왔다. 1승 하려고 엄청 연습하고 무대에 올라왔는데 욕심 땜에 감정이 앞서가 버렸다."
두 딸에게 하고 싶은 말은?
"아빠 1승 도전에 당당히 떨어졌다. 하지만 도전이 아름답다는 것을 느꼈다."

이에 청중들은 감동 박수를 주었다. 만약 반대로 "열심히 해서 도전을 했다. 그런데 떨어졌다."라고 말했다면 청중들의 느낌은 어땠을까?

더블 바인드(Double Bind)

거절당하지 않는 대화 스킬 더블 바인드(double bind)
거절하는 대신 양자택일의 선택을 유도하는 방법이다.

두얼 초이스(Dual Choice), 이중구속이라고도 하는 이 방법을 사용해보면 결과가 다를 것이다. 한마디로 상대가 No라고 말하지 못하게 하는 기술이다. "전화번호를 적어 주실래요? 아니면 걸어 주실래요?"와 같이 말하는 것으로 결과는 전화번호를 얻어내는 것이다.

이처럼 두 가지 중 하나를 선택하도록 하지만 내가 얻고자 하는 답을 얻는다. 찬성과 반대 중에서 어느 하나를 선택하는 것이 아니라 어느 하나를 선택하여도 Yes가 되는 것이다.

일을 시킬 때도 두 가지 일 중 하나를 선택하게 하라. 두 개다 거절하기는 쉽지 않다. 남편에게 가사일 시킬 때 써먹기 좋다. 아내가 남편에게 일방적으로 시키면 순응보다 반항심이 앞서지만, 둘 중 하나 해 달라고 부탁하면 다 거절하기가 어려워 하나는 협조해 주어야 한다는 생각으로 들어줄 가능성이 크다.

상대가 Yes 하도록 질문을 던져라.

사람들은 두 개를 제시하면 심리적으로 그중 하나를 선택하려 한다. 여러 개 중에서 하나를 선택하지만 결론은 같다.

- 제 말이 맞는다면, 네 아니면 Yes로 대답해 주세요. 아니면 고개를 끄덕끄덕하거나 손으로 OK 해주세요.
- 똑같은 라면인데 맛이 다르면, 이건 중국식 라면, 저건 차이나식 라면. 혹은 이건 한국식, 저건 코리아식
- 운동장을 한 바퀴 돌 때 오른쪽으로 돌면 90분, 왼쪽으로 돌면 1시간 30분이 걸린다. 너는 어느 쪽에서 돌래?

백트래킹(Back Tracking)

상대의 말을 경청하고 이해하고 있다는 것을 보여주는 공감 대화법이다. 백트래킹 쉽게 말해 상대방의 말을 자신의 말로 되풀이하는 대화 스킬이다.

그 예로, 고객이 "부모님께 선물해 드리려고요."라고 말하면, "네~ 부모님께 선물해드리면 정말 좋아하시겠어요."라고 말을 받아주는 것이다. 우리가 자주 이용하는 '말꼬리 잡기'다. 나도 모르게 많이들 사용하나 그것이 백트래킹 대화인지는 모르고 한다. 상대방의 말꼬리를 잡아 하나가 되는 공감대화의 한 기술이다.

친구와 대화에서 예를 들어 보자

친구: "나 어제 영화 봤어."

나　: "아~ 어제 영화 봤다고?" (백트래킹)

친구: "영화에서 주인공이 정말 슬프더라고"

나　: "얼마나 슬프기에" (백트래킹)

이렇게 백트래킹을 해주면 상대방은 신이 나서 이야기꽃을 피운다. 아주 단순해 보이는 이 기술은 많은 것을 담고 있다. 우선 나의 이야기가 아닌 다른 사람의 이야기에 집중하고 있다는 것이다.

백트래킹은 '경청'이 기본이 된다. 상대방이 했던 말을 반복하여 줌으로써 상대방과 보조를 맞춘다. 우리는 보통 '공통점'이 있는 사람을 좋아한다. 백트래킹 역시 상대방이 하는 말을 사용함으로써 공통점을 맞추는 기술, 맞장구를 쳐주는 행위이기도 하다.

[버스 기사와 승객]

버스기사와 승객이 시비가 붙어 서로 말싸움을 한다.

그러다가 승객이 기사에게 한마디 던진다.

"이 자식아. 너 평생 버스 기사나 해 먹어라."

그러자 화가 난 버스기사는 되받아 친다.

"넌 평생 버스나 타고 다녀라."

아마동, 제천살레시오집 케모마일 허브농사 봉사. 촬영 사진가 황만복

Part 2

유쾌화술
이것만 알면 된다

1. 글자놀이 언어마술사 되라

2. 퀴즈로 상상력을 뒤집어라

3. 공통점, 차이점을 이용하라

4. 고사성어, 속담을 활용하라

5. 올리고 내리고 반전을 타라

6. 내 유머 비밀창고를 열어라

7. 유머 접근, 썰렁 두려워 마라

유익한 명언들

· 아름다운 질문을 하는 사람은 언제나 아름다운 대답을 얻는다.

　　　　　　　　　　　　　　　　　　　　　　　　　　– 커밍스

· 성공이 행복이 아니라 행복이 성공이다. 즉, 행복하게 일해야 성공
　할 수 있다.　　　　　　　　　　　　　　　　　　– 아인슈타인

· 유머는 머리에서 나오는 것이 아니라 마음에서부터 나온다.

　　　　　　　　　　　　　　　　　　　　　　　　　– 르네뒤보

· 우리는 어떤 병도 고칠 수 있는 강력한 약을 가지고 있다. 그것은 웃
　음이다.　　　　　　　　　　　　　　　　　　　　– 노먼커즌스

· 많이 웃는 사람은 행복하고, 많이 우는 사람은 불행하다.

　　　　　　　　　　　　　　　　　　　　　　　　– 쇼펜하우어

· 웃는 사람은 실제로 웃지 않는 사람보다 더 오래 산다. 건강은 실제
　로 웃음의 양에 달렸다는 것을 아는 사람은 거의 없다.　– 제임스 월쉬

· 적극적인 언어를 사용하라. 부정적인 언어는 복 나가는 언어이다.

　　　　　　　　　　　　　　　　　　　　　　　　　　– 정주영

글자놀이
언어마술사 돼라

· 너 자신을 알라. 소크라테스
· 너 분수를 알라. 산수선생
· 너 주제를 알라. 국어선생
· 너 자리를 알라. 직장선배

당신의 말을 리모델링하라

유머의 입문은 말을 재미있게 가지고 노는 거다. 말장난은 인간의 농담 본능을 보여주는 유머 첫걸음이다. 아재 개그라고 썰렁하다고 유치하다는 말도 듣지만 기발한 창의력도 나오고 핵폭탄 웃음도 나온다. 가장 기초적인 단어 비틀기를 잘하는 유머기법을 터득하면 유머러스한 사람이 될 수 있다. 용기 있는 사람만이 말장난으로 성공한다.

워드 플레이. 즉 하나의 글자를 이리저리 뒤집기(상하. 좌우), 돌리기(좌로. 우로 회전), 더하고, 빼고(단어. 받침), 나누고, 곱하고,

바꾸고, 축약하고, 띄어 쓰고, 붙여 본다. 마찬가지로 사물도 뒤집고, 세우고, 눕히고, 돌려보고, 쪼개보고 합쳐보고 등으로 다양하게 가지고 놀아보는 것이다.

글자에 점(·) 하나를 가지고 놀아본다.

- 빚이라는 글자에 점 하나를 찍으면 빛이 된다. 빚내며 사는 인생이 빛나며 사는 인생으로 바뀐다.
- 고질병에 점 하나를 찍으면 고칠병이 된다. 한강의 기적은 고질병이 고칠병으로 바뀐 사례다.
- 불가능이라는 뜻의 Impossible에 점 하나를 찍으면 I'm possible이 되어 가능이 된다.

글자를 뒤집고, 돌리고

쓰레기통을 뒤집으면 지저분해지지만, 생각을 뒤집으면 아이디어가 나온다. 고정관념에서 상상력으로 바꾼다. 생각을 뒤집어보고 사진도 한번 뒤집어보면 세상이 달라 보인다.

뒤집어보면 웃는 얼굴

- '운'을 얻으려면 '공'을 돌려야, 공을 들여야 온다.
- KO → OK, No → On, SALE(세일) → 살레
- Hello → Olleh(KT 브랜드는 'hello'를 거꾸로 만든 것)
- GOD(하느님) → DOG(개) 신 같은 존재가 개 같은 존재
- 시집가면 출가 → 그냥 나가면 가출

글자를 뒤집어도 같은 글이 되는 경우가 있다.

TV에서 이효리는 "저는 앞으로 읽어도, 뒤로 읽어도 이효리입니다. 그래서 저는 앞으로 가나 뒤로 가나 항상 같은 인생길로 갑니다."라며 자신의 이름을 멋지게 표현했다.

- 기러기, 토마토
- 소주만 주소
- 다 좋은 것은 좋다
- 여보 안경 안 보여

- 내 아내, 하춘하
- 아 좋다 좋아
- 자 빨리빨리 빨자.
- 자꾸만 꿈만 꾸자.

앞뒤 글자 일치하는 대조법

중년 남자가 신세타령한다.

"저는 '환상'의 여인 만나려다 '환장'할 여자 만나게 됐고, '깜찍한' 여자 만나려다 '끔찍한' 여자 만나게 됐어요."

이에 중년 여자가 맞장구를 친다.

"저도 '이상형' 남자 만나려다 '이상한' 남자 만나게 됐고,

'슈퍼맨' 남자 만나려다 '슬퍼맨' 남자 만나게 됐어요."

　앞뒤 글자를 일치하거나 비슷한 말을 구슬이 꿰어 있는 것처럼 일정한 패턴으로 만들어 말하면 유머러스한 톡톡 튀는 말이 된다. 야구 잘하는 선수를 '구원투수'로 말하다가 어쩌다 잘못하면 '구멍투수'라고 말하는 식이다.

- 남의 자식은 '열공'인데, 우리 자식은 '열애'한다.
- 나는 '맨손'으로 시작해서 지금은 '맨션'에서 산다.
- 가난할 땐 '벤치'에서 놀고, 부자 되어 '벤츠'에서 논다.
- 인생을 사는 것은 '숙제'가 아니라 '축제'이다.
- 노년에 '로망' 꿈꾸다가 '노망'할 수 있다.
- '자비'를 베풀어 주십시오. '차비'를 베풀어 주십시오.
- 나는 '찬밥' 신세인데, 너는 '쉰밥' 신세다.

　좋은 남자, 여자에 대해 이야기를 할 때도 앞뒤 글자를 일치시켜 패턴을 맞추어 말에 변화를 주면 좀 더 재미있는 말이 되어 유머러스하게 들리게 된다.

[좋은 남자의 조건]
- 밝히는 남자보다 밝은 남자
- 야한 남자보다는 야망 있는 남자
- 굴복하는 사람보다는 극복하는 사람
- 안주하는 사람보다 완주하려는 남자
- 벗기기 좋아하는 남자보다 벗을 좋아하는 남자

- 공주병 여자보다는 공손한 여자
- 끔찍한 여자보다는 깜찍한 여자
- 발랑 까진 여자보다는 발랄한 여자
- 여우 같은 여자보다는 여유 있는 여자
- 색기 있는 여자보다는 색깔 있는 여자

동음이의어(중의법) 활용

음은 같으나 뜻이 다른 단어를 반복하여 표현하는 동음이의어(중의법)를 활용하는 단순 말장난이다. 활용성과 접근성이 압도적으로 뛰어나다. 썰렁할 수 있지만 정밀 타격에 성공하면 웃음을 자아낼 수 있다.

술좌석에서 안주에 들깨 관련 음식이 나왔을 때 자연스럽게 말을 건다. "친구야. 술안주에 들깨 음식은 몸에 안 좋다네?", "왜?", "들깨 음식 먹으면 술이 들께~" 이런 식이다.

동음어 간 단어 사이 간격을 짧게 하면서 자연스럽게 대화로 이어지면 된다. 길면 알아듣지 못하고 썰렁한 유머가 된다.

- 바나나: (바나나 주면서) 바나나 주면 나한테 바나나?
- 오렌지: (오렌지 들고서) 오렌지 먹은 지 얼마나 오렌지~
- 살구: (살구 주면서) 당신과 살구 먹으며 오래 살구 싶어

- 무순: 넌 지금 무순 먹고 무슨 소리를 하는 거야?
- 자두: 여보~ 자두 먹고 바로 자두 되요?
- 망고: (망고 집어 들며) 이 망고는 얼망고?
- 지방: 전 지방출신이라 몸에 지방이 많아요.
- 교양: 교양강좌에서 참 교양 없이 이야기하네요.
- 시장: 시장님! 시장하시죠? 시장에 가서 식사하시죠.
- 바가지: 바가지 씌우지 말고 바가지로 퍼주세요!

[동물들의 쇼핑]
사자가 거북이와 토끼를 데리고 백화점에 쇼핑 갔다.
- 사자: 야! 저거 우리 하나 사자. 응?
- 거북이: 나, 저거 사는 거 좀 거북해!
- 토끼: 우리 저거 가지고 토끼자!

비슷한 단어를 연결하기

　비슷한 단어를 연속으로 나열해 웃기는 말장난이다. 아무런 뜻이 담겨있지 않은 단순한 말장난을 즐기는 언어유희다.

　법률학에서도 유추해석을 하듯이 유머도 비슷한 말을 적용해 보는 것이다. TV 개그콘서트를 보면 말장난으로 비슷한 말을 이어서 웃게 하는 경우가 많다.

- 비 오는 날 운전하는데 와이프는 투정부리고, 와이퍼는 고장이고, 와이파이는 되지 않고… 아~~ 짜증나는 하루일세. 그래서 와이프와 와이퍼는 순정품이 좋다는 거야.
- 부팅되지 않는 컴퓨터는 쓸모가 없듯이, 부킹되지 않는 나이트는 갈 필요가 없다.
- 운전 중에 박카스 마시다가 박았스~
- 늦은 나이에 데뷔하여 늙은 나이에 스타 된 사람이다.
- 어릴 때엔 토끼같은 자식, 크니까 도끼같은 자식
- 아내는 은총을 베푼다고 하지만, 남편에게는 눈총이다.
- 자비를 베풀어 주십시오. 차비도 베풀어 주십시오.
- 생각(think)이 곧 감사(thank)이다. 늘 감사하는 생각을 가져라.

[긴장, 김장]

어떤 주부가 춤을 열심히 배워서 드디어 카바레에 가서 춤을 추게 되었다.

그동안 집에서 혼자 연습하다 음악에 맞춰 남자 파트와 춤을 추게 되니 긴장되어 스텝이 자꾸 꼬인다.

남자 파트너가 여자 귀에 대고

"긴장하셨나 봐요?"

그러자 이 여자가 대답하길

('긴장'을 '김장'으로 듣고)

"네~~

  30포기 김장했어요."

2

퀴즈로
상상력을 뒤집어라

◆ 넌센스 퀴즈
 · 기적을 많이 일으킨 사람은 누구? 열차기관사
 · 정치를 영어로 말하면? Show
 · 휴대폰을 영어로 말하면? 갤럭시. 통화중은? 뚜뚜뚜

넌센스 퀴즈 요령

넌센스 퀴즈는 생각을 뒤집고 상상력을 발동시킨다. 퀴즈는 맞추는 쾌감이 있으므로 퀴즈를 낼 때는 쉽게 맞출 수 있도록 힌트를 주면서 한다. 그렇다고 질질 끌지는 마라. 힌트를 주었는데도 계속 답이 안 나오면 바로 답을 말해 끝낸다.

- 여름에는 해가 길고 겨울에는 해가 짧은 이유는? 해가 여름에는 더워서 천천히 가고, 겨울에는 추워서 빨리 간다.
- 남자들 이것이 빵빵하면 자신감 쑥 커진다. 잘 써주면 여자들 좋아한다. 깊숙이 넣어둔다. 이건 무엇일까? 지갑

- 조폭이 배를 먹었다 그 배는 어떤 배일까요? 불량배
- 양계장을 하다 폭삭 망한 사람은? 알거지
- 아마존은 누가 발견했을까요? 아마도 john이 아닐까요?

넌센스 퀴즈를 맞히는 사람에겐 "넌센스 퀴즈를 맞히는 넌! 센스있는 사람이야!", 답을 비슷하게 맞히면 "네~ 답을… 맞힐 뻔 했습니다." 등으로 반응하여 주는 것이 좋다. 청중이 답을 못 맞히어 직접 답을 알려 줄 경우 이해하지 못한 청중을 위해서 답을 설명해주는 것도 좋다.

[정치인과 수녀]
한 정치인과 수녀님이 한강 다리를 건너면서 이야기를 하던 중에 그만 두 사람은 발을 헛디뎌 한강에 빠졌다.
누구부터 먼저 구해야 할까?
답은 정치인
(이유) 한강을 오염시키지 않기 위해

거짓말을 많이 하는 사람에게 퀴즈를 던진다.
"제주도에는 꼬리가 두 개인 말이 있다는데, 그 말이 무슨 말인 줄 아세요?"
(답) "거짓말!"
실없는 행동을 잘하는 사람에게 퀴즈를 낸다.
"바늘은 가지고 다니면서 실은 안 가지고 다니는 사람은 어

떤 사람일까요?"

(답) "실없는 사람"

[숫자 창의력 퀴즈]

- 8을 반으로 가르면?

  죽는다. 응, %, 0, 바가지 2개. 3이 두 개 등의 다양한 답이 나온다.

- 1+9×1=9 틀린 것이다. 맞게 하려면 어떻게?

  답은 1×9×1=9 즉 +를 ×로 돌리기.

- 거꾸로 서면 1/3이 사라지고, 다시 거꾸로 서면 사라진 1/3이 돌아오는 것은? 9, 6, 66, 909

- 18을 반으로 가르면?

  10분의 10이 되어 답은 1, 세로로 나누면 118. 대각선으로 나누면 1/8 등의 답이 나온다.

나열식 퀴즈는 마지막이 핵심

상대방의 기대를 깰 때 멋진 반전이 기본이다. 나열식 퀴즈는 매직 쓰리. 즉 3가지가 가장 좋다. 먼저 2개 퀴즈와 답을 말해 준 다음 마지막 퀴즈를 맞히라는 것인데 마지막 퀴즈가 핵심으로 반전이다. 너무 많이 열거하면 퀴즈 감도가 떨어진다.

식사 중에는 식사와 관련된 나열퀴즈가 좋듯이 그 현장 상황에 맞는 퀴즈를 내는 것이 좋다. 퀴즈는 맞추는 재미가 있으므로 답이 바로 나오지 않을 때에는 힌트를 주면서 한다. 가능한 청중이 맞추도록 유도한다.

- 세종대왕이 쓴 것은 훈민정음, 이순신 장군이 쓴 것은 난중일기, 그러면 김구 선생이 쓴 것은? 안경
- 인디언 중에 가장 높은 사람은? 추장, 추장보다 더 높은 사람은? 고추장, 고추장보다 더 높은 사람은? 초고추장, 그러면 초고추장보다 더 높은 사람은? 태양초고추장
- 개구리는 양서류, 고래는 포유류. 그렇다면 오징어는 무슨 류일까요? 안주류

나열식으로 말하는 때도 있다. 이런 유형도 광의의 동음이의어 방식으로 여러 개를 나열시키면 더 멋지게 들린다.

- 키 작으면 루져! 못생겼으면 후져! 돈 없으면 꺼져! 그런 말 하면 뒤져!
- 범죄 발생 땐 112 부르고, 위험할 땐 119 부르고,
  심심할 땐 오빠 불러라.
- 부처 믿으면 극락 간다는데, 부처 믿으신 분 손드세요?
  예수 믿으면 천당 간다는데, 예수 믿으신 분 손드세요?
  그럼 오빠 믿으실 분 손드세요? (손을 들면) 에고~ 오빠를 믿니?
- 연애는 마술이고, 결혼은 예술이며, 사랑은 기술이다.
- 돈 많으면 슈퍼카, 돈 적으면 할부차, 나는 리어카!
- 신혼에는 사랑 넘쳐나는 잉꼬!
  중년에는 속이 꺼매지는 앙꼬!
  노년에는 사랑 바닥나는 앵꼬! – 최규상 유머코치

[남편의 대답]
"여보, 한 번 맞춰 봐요. 세상에서 가장 차가운 바다는 썰렁해. 그럼 세상에서 가장 뜨거운 바다는?"

답은 '사랑해'인데 남편이 머뭇거리며 답을 못 하자 온갖 애교 섞인 목소리로 힌트를 준다,

"당신이 나에게 해주고 싶은 말 있잖아!"

그러자 남편이 의미심장한 표정으로 웃음을 지으며 자신 있게 하는 말 "열~바다~!!!"

이에 화난 아내가 던진 말 "네가 주는 바다는? 그만해!"

방향을 돌리는 착각퀴즈

비슷한 말로 나열해서 순간 착각하게 하는 방법이다. 곰곰이 생각해 보면 알 수 있는 답이지만 아무 생각 없이 그냥 대답하면 틀리게 나오는 착각퀴즈로 집중력 퀴즈라고도 한다. 간단하게 생각하거나 멍 잘 때리는 사람들이 틀리기 쉬운 문제로 구성한다.

- 인삼은 3년산, 5년산, 7년산이 있는데 보통 5년산을 판다고 합니다. 그럼 산삼은 언제 캐는 것이 좋을까요? (발견 시) 즉시 캔다.
- 최대 30명까지 탈 수 있는 배에 20명이 탔더니 가라앉았다. 그 이유는? 잠수함이니까.
- 흥부놀부전에서 놀부는 여동생도 있었다고 합니다. 그 동생 이름은 놀자, 놀숙이라고 하지요. 그럼 놀부의 남동생 이름은 누구일까요? 흥부
- 욕조에 가득찬 물을 비워야 한다. 당신에게 숟가락, 찻잔, 바가지를 준다면 어떤 것으로 하겠는가? 답은 욕조 배수구 마개를 뺀다.

여러 개 나열하는 시리즈 유머

시리즈 유머는 같은 단어를 반복적으로 사용함으로써 유머의 강도가 세어지는 효과로 웃음을 유발한다. 리듬의 효과를 잘 타야 하므로 올리고 내리는 반전과 N화법이 필요하다. 마지막은 긍정과 반전으로 끝낸다. 여러 개 시리즈의 경우 외우기가 어려우므로 외울 수 있는 몇 개만 외워서 써먹는다.

[놈놈놈 시리즈]

나는 놈 파리를 뛰는 놈 개구리가 잡아먹고, 뛰는 놈 개구리를 기는 놈 뱀이 잡아먹는 세상이다. 세상에는 걸어 다니는 놈, 뛰는 놈, 달리는 놈 등 별별 놈들이 있다.

• 묻어가는 놈 위에 붙어 다니는 놈 있고, 붙어 다니는 놈 위에 웃기는 놈 있다.
• 걷는 놈 위에 뛰는 놈 있고, 뛰는 놈 위에 나는 놈 있고, 나는 놈 위에는 붙어 다니는 놈 있다.
• 못 쓰는 놈 위에 잘 쓰는 놈 있고, 잘 쓰는 놈 위에 베끼는 놈 있고, 베끼는 놈 위에 웃는 놈이 최고다.

뛰는 놈 위에 나는 놈 있다.

사는 게 사는 게 아니다.

남자들은 혼나며 산다. 어릴 때는 엄마한테 혼나고, 신혼 때는 아내한테 혼나고, 중년 때는 딸한테 혼나고, 노년 때는 며느리한테 혼나면서 산다.

남편은 이래저래 골칫덩어리?

[남편 덩어리 시리즈]

- 집에 두면 근심덩어리
- 같이 다니면 짐덩어리
- 혼자 내보내면 걱정덩어리
- 사람 많은 데 가면 푼수덩어리
- 하지만… 내 남편은 사랑과 유머가 넘치는 매력덩어리

[여자 덩어리 시리즈]

- 못생긴 여자. 메주덩어리
- 뚱뚱한 여자. 비계덩어리
- 돈 안 쓰는 여자. 소금덩어리
- 가난한 여자. 동전덩어리
- 하지만… 내 아내는 아름답고 예쁜 여자 매력덩어리

부부 유머는 긍정적인 것보다는 부정적인 것을 더 많이 사용한다. 그 이유는 살아가는 동안 부부 갈등에서 오는 쌓이는 감정이 많아지기 때문이다. 그렇다 하더라도 마지막은 긍정어로 끝내는 것이 좋다. 심리학에서는 마지막 말이 더 기억된다는 '최신효과'가 있다. 그래서 위 시리즈는 마지막에 반전을 두어 긍정으로 끝내는 사례이다.

3
공통점, 차이점을 이용하라

◆ **공통점과 차이점**
  · 공통점은 인간관계를 즐겁게 만드는 것이고,
  · 차이점은 인간관계를 흥미롭게 만드는 것이다.
  · 공통점 찾기는 상대와 공감대 형성이고,
  · 차이점 찾기는 상대와 멀어지는 일이다.

공통점 찾기 요령

만남에서 공통점이 있는 대화는 호감도 상승으로 잘 통한다. 공통점 찾기 유머는 서로 어울리지 않는 두 개를 가지고 유머를 해야 맛이 난다.

• 공부와 정치인 비리의 공통점? 끝이 없다.

• 일기예보와 정치인의 공통점은? 믿을 수 없다.

• 남편 말과 정치인 말의 공통점은? 안 지킨다.

남편과 국회의원의 공통점을 인터넷이나 유머책에서 찾아보면 여러 개로 나온다. 많아서 전부 다 못 외운다. 자신이 외우기 쉬운 것만 골라 외워 써먹으면 된다.

[마누라와 정치인의 공통점]
· 돈을 너무 좋아한다.
· 어디든지 막 싸돌아다닌다.
· 말로는 당할 수 없다.
· 내가 뽑았지만 후회한 적이 많다.
· 바꾸려면 너무 복잡하다.

나열식 공통점 찾기는 순서 배열을 잘해야 한다. 처음 것은 관심을 끌게 하고 마지막은 펀치라인 한방이어야 한다.

"아름답고 예쁜 여자를 보면 꽃과 같은 여자라고 한다. 그렇다면 꽃과 당신의 공통점 3가지는? 아름답다, 예쁘다, 그리고 꺾고 싶다. (뜸들이다가) 그러나 꺾고 나면 시들어 버리니 당신을 바라보겠다." 식으로 마지막에 반전이 있어야 한다.

세계적인 자기계발 전문가 브라이언 트레이시가 강조하는 성공하는 사람들의 공통점은 다음과 같다고 말한다.

첫째, 자신이 성공할 것이라고 기대한다.

둘째, 끊임없이 학습하고 인생에 적용한다.

셋째, 내가 원하는 롤모델을 정하고 그 사람을 따라 한다.

넷째, 한 번에 하나씩만 몰입해서 처리한다.

이와 달리 실패하는 사람들이 가지는 공통점은 성공하는 사람들과는 정확히 반대라고 말한다.

첫째, 자신이 성공할 것이라고 기대하지 않는다.

둘째, 비전과 목표 없이 하루하루 살아갈 뿐이다.

셋째, 공부는 졸업과 동시에 끝났다고 생각한다.

넷째, 뭘 해도 제대로 집중하지 않는다.

— 노우티, 〈인생에서 가장 후회되는 게 뭐냐고 묻는다면〉 중에서

무엇과도 바꿀 수 없는 소중한 내 인생. 나에게 투자하는 것이다. 내가 나를 대접해 줄 때 내 삶을 다시 궤도에 올릴 수 있다. 어려운 일을 겪고 그 일을 헤쳐 나가다 보면 멘탈이 강해질 수밖에 없다. 멘탈이 단단한 사람들을 살펴보니 그들에게는 공통적인 특징이 있다.

- 남에게 별로 관심이 없다.
- 미리 걱정하지 않는다.
- 감정 표현을 어려워하지 않는다.
- 실수에 과도하게 연연하지 않는다.
- 정신의 건강을 지키기 위해 운동을 한다.

— 최서영 에세이, 〈잘될 수밖에 없는 너에게〉 중에서

[공통점 찾기로 남편 자랑하기]

남편과 국회의원의 공통점 3가지는 무엇일까요?

첫째, 내가 선택했지만 후회할 때가 많다.

둘째, 헤어지는 것은 절차가 복잡하다.

셋째, 내가 아직도 좋아하는 줄 안다.

여러분! 공감하시나요?

(이때 청자들은 속으로 "저 남편도 속 썩이는가 보네" 하고 생각한다.)

하지만 저에게는 세 가지 중 하나도 없다는 사실입니다.

(마지막에서 반전시켜 남편 자랑을 한다. 이런 게 바로 유머화술이다.)

차이점 찾기 요령

차이점 찾기 유머는 같은 무리 군이나 비슷한 것을 대조시켜 찾아보는 것이다. 공통점 찾기와 반대되는 개념이다. 대화에서 차이점은 차별성을 강조하기 위해 많이 사용한다.

[아가씨와 아줌마 차이점]

아가씨 때는 섹시한 여자, 아줌마 때는 매력적인 여자가 되고 싶다. 뱃살 나오고 흰 머리카락 바람에 휘날리지만, 마음만은 아가씨처럼 살고 싶다.

- 아가씨는 눈물로 울고, 아줌마는 가슴으로 운다.
- 아가씨는 결혼을 꿈꾸고, 아줌마는 이혼을 꿈꾼다.
- 아가씨는 힘들수록 소심해지지만, 아줌마는 강해진다.
- 아가씨는 작은 가슴 걱정, 아줌마는 처진 가슴 걱정.
- 아가씨는 얼굴에 여드름 걱정, 아줌마는 기미 걱정.

[예술과 외설의 차이점]

그림, 동영상, 연극, 드라마 등을 볼 때 예술적인가, 외설적인가. 이 구별
은 어떻게 할까?

• 보면서 눈물이 나오면 예술, 침이 나오면 외설

• 처음부터 봐야 이해가 되면 예술, 중간에 봐도 이해가 되면 외설

• 보고 마음에 변화가 오면 예술, 몸에 변화가 오면 외설

• 자막을 봐야 알 수 있으면 예술, 자막이 필요 없으면 외설

• 보고 감동이 상반신으로 오면 예술, 하반신으로 오면 외설

[미용실에서 아가씨와 아줌마 구분]

미용실에 오는 아가씨와 아줌마 구별하는 방법은?

사장님 : 어떻게 해드릴까요?

아가씨 : 최신 유행으로 해주세요.

아줌마 : 오래가게 해주세요.

유머맨 : 안 아프게 해주세요.

실패한 예술인과 혼자 사는 할머니의 공통점은? '영감'이 없
다. 이런 공통점 유머는 동음이의어를 결합한 공통점 찾기 유
머인데 고수들의 기법이다. 일반인은 어렵다. 누군가 이런 유
머 퀴즈를 내고 누군가가 맞춘다 해도 다른 청자들은 이해를
하지 못한다. 설명을 해 주어도 갸우뚱 거린다.

4

고사성어,
속담을 활용하라

◆ 유머 예절 3척
· 아는 유머 들어도 모르는 척
· 재미가 없어도 재미있는 척
· 유머 끝나면 뒤집어지는 척

고사성어를 비틀어 풍자한다

고사성어가 매력 있는 이유는 짧은 한마디로 복잡한 전체 상황을 응축해 표현하는 힘을 가진다. 시대를 풍자하거나 상대의 말에 맞장구치거나 반격할 때 사용된다. 강자를 응징하되 약자는 감싸주는 풍자가 건강하고 유쾌한 유머가 된다.

• 박학다식. 박사와 학사는 밥을 많이 먹는다.
• 일취월장. 일요일 취하면 월요일에 장난 아니다.
• 고진감래. 고생을 진탕 하고 나면 감기몸살이 온다.
• 사필귀정. 사십대가 되면 필히 정년이 돌아온다.

- 군계일학. 군대에서는 계급이 일단 학력보다 우선한다.
- 역지사지. 역으로 지랄해 줘야 사람들은 지 잘못을 안다.
- 복세편살. 복잡한 세상 편하게 살자.

社訓
河 己 失 音
官 頭 登 可
하기실음 관두등가
(강 하/ 자기 기/ 잃을 실/ 소리 음
벼슬 관/ 머리 두/ 오를 등/ 옳을 가)
물 흐르듯 아무 소리 없이 열심히
일하면 높은 자리에 오를 수 있다.

일본 설문조사로 노인들은 노후를 누구와 보내고 싶은가에 관해 물었다. 남자는 69%가 아내와 함께 보내겠다는 것이고, 여자는 66%가 지금의 남편과는 안 보내겠다는 것이다.

우리나라는 어떨까? 일본과 다를 거라고 믿고 싶지만 시대는 인명재처(人命在妻). 남편의 운명은 아내에게 있다.

- 사필귀처(事必歸妻). 중요한 결정은 결국 아내의 뜻에 따르게 된다.
- 고진처래(苦盡妻來). 힘든 일을 끝내니 아내가 검사하러 온다.
- 군계일처(群鷄一妻). 많은 여성들이 있더라도 아내만을 바라보라.
- 개과처선(改過妻善). 잘못을 고치고 아내의 처분을 기다려라.
- 처화만사성(妻和萬事成). 아내와 화목하면 만사가 순조롭다.

[승마로 다이어트]

승마가 다이어트에 좋다는 말을 듣고 뚱뚱한 아줌마가 승마를 시작했다.

승마를 시작한지 한 달

놀라운 일이 벌어졌다. 10kg이 빠진 것이다.

………

그녀가 아니라 말이 10kg 빠진 것이다.

속담을 비틀어 풍자한다

속담은 예로부터 전해 내려온 조상들의 지혜가 담긴 짧은 구절로 일상 대화의 윤활유와 같은 역할을 한다. 그런 속담 의미를 비틀어 풍자하면 웃기기도 하고 씁쓸하기도 하다.

'호랑이는 가죽을 남기고, 사람은 죽어서 이름을 남긴다.'는 속담을 비틀어서 '호랑이는 가죽을 남기고, 닭은 쿠폰을 남긴다.(또는 토종닭은 백숙을 남긴다.)'는 식이다.

- 곰은 쓸개 때문에 죽고, 사람은 혀 때문에 망한다.
- 온라인에서 뺨 맞고 오프라인에 와서 화풀이 한다.
- 인생은 가까이에서 보면 비극이지만, 멀리서 보면 희극이다.
  (비틀기) 인생은 가까이서 보면 비극이지만, 멀리서 보면 진짜 안 보인다.
- 사람은 죽어서 돈을 남기면 자식들은 싸운다.
- 가는 말이 고우면 호구 취급 당한다. 가는 말이 험악하면 오는 말이 좋다.
- 일찍 일어나는 새는 늙은 새다. 일찍 일어나는 벌레가 빨리 잡혀 먹힌다.
- 오늘 할 일을 내일로 미루지 말라? 내일 할 일은 오늘로 땡겨야 한다.

이순신 장군 어록은 "나의 죽음을 적에게 알리지 말라."

이순신 장군의 별명은 기록광. 하루도 빠짐없이 일기를 썼다. 그 일기는 '난중일기'이다.

하루는 이순신 장군이 일기를 쓰지 않았다고 한다. 그래서 부하가 일기를 쓰고 주무셔야 한다고 말하자 이순신 장군은 "난중에 쓸란다."라고 했다. 그래서 그의 일기를 '난중일기'라 했다는 전설이 있다. 믿거나 말거나.

- 이순신 장군이 횟집을 가면서 시키는 메뉴는?
  초장에, 전복시켜라.
- 이순신 장군 동생은 이쑤신 장군. 그의 어록은 "내가 키스한 사실을 아내에게 알리지 말라"
- 이순신 형 어록. "나의 퇴근을 아무에게도 알리지 말라"
  이순신 여동생 어록. "나의 미모를 남에게 알리지 말라"

[국회의원 선거철]

국회의원 후보자가 참모를 데리고 집마다 방문하면서 선거운동 인사를 다닌다.

어느 한 집에 도착했는데 대문 앞에서 개가 짖는다. 그러자 국회의원은 들어가지 못하고 발길을 멈춘다. 이때

참모: "짖는 개는 결코 물지 않는다."는 속담이 있습니다. 그냥 들어가시지요.

국회의원: 그거는 알지요. 하지만 저 개가 그 속담을 알고 있을까요?

우화의 교훈을 바꾸어 생각한다

토끼와 거북이에서 배울 점은 무엇일까?

포기하지 말고 계속 전진하라는 것일까?

아니면 쉬지 말고 계속 뛰라는 것일까?

우화에서는 토끼는 게으른 인간, 거북이는 성실한 인간으로 비유하고 있다. 토끼가 거북이에 진 이유는 토끼의 목표는 거북이 이기기였지만 거북이의 목표는 산꼭대기였다. 그래서 거북이는 토끼가 잠을 자든 말든 묵묵히 산꼭대기를 향해서 올라간 것이다. 지금 시대는 거북이처럼 묵묵히 일만 할 것이 아니라 토끼처럼 중간에 쉬는 일이 없이 계속 뛰어야 한다.

생각을 바꾸어 본다.

토끼가 일부러 거북이에게 져 준 사실을 알고 있는가?

이런 엉뚱한 사실로 이야기해 본다.

토끼는 거북이를 사랑했는데 이를 모른 인간들은 경주를 시켰다. 그러자 거북이는 사랑하는 토끼에게 져 주기로 마음먹는다. 경주가 시작되자 토끼는 앞서 뛰다가 거북이의 느린 걸음을 보고는 일부러 잠을 자며 거북이가 자기를 깨워주면 같이 정상에 올라가는 아름다운 꿈을 꾼다. 하지만 거북이는 그 마음을 알지 못하고 혼자 정상에 도착하여 승리한다.

사람들은 거북이는 성실하다고 칭찬하고, 토끼는 게으르다고 욕했지만, 토끼는 거북이를 사랑하기에 마냥 웃었다. 나중에 거북이는 토끼의 마음을 알게 되어 업어주었다 한다.

사랑이 무엇인가?

티내지 않는 것이 사랑이고, 소리 없는 헌신이 사랑이고, 양보하는 것이 사랑이다. 자식과 아내에게 토끼사랑으로 영원하기를 바란다.

우리는 우화 그 속의 교훈만 생각한다. 고정관념을 깨본다. 거북이와 토끼를 강물에서 시합을 붙이면 거북이가 이긴다. 관점을 달리하여 토끼와 거북이를 한 팀으로 만들어 다른 동물과 경주를 시키면 어떨까?

- 춘향전에서 배울 점은? 임자 있는 여자는 건들지 말라는 것이다. 헛수
  고만 있을 뿐이다.
- 흥부놀부전에서 배울 점은? 애들 많이 낳으면 가난하게 산다는 것이다.
- 선녀와 나무꾼 동화의 이야기는? 나무꾼도 선녀를 사귈 수 있다는 것
  이 아닐까.
- 개미와 베짱이에서 배울 점은 무엇인가?
  개미는 한여름에 땀 흘리며 열심히 일하여 추운 겨울에 편하게 지내고,
  베짱이는 열심히 노래만 불러 추운 겨울에 음원 값으로 대박을 터트린다.

현대판 개미와 베짱이

당신은 무조건 땀 흘리며 일만 하는 개미가 될 것인가? 아니
면 베짱이처럼 놀면서 노래만 부를 것인가?

지금 시대는 어느 한쪽만 선택하는 시기는 지났다. 적어도
두 가지 이상 재능은 가져야 살아갈 수 있다. 그래서 답은 일
도 하고 노래도 부르는 개짱이가 되어야 한다.   - 고 이어령 박사

아무 생각 없이 우직하게 같은 일만 계속하는 개미보다는 음
악이라는 자신의 분야에서 타인들까지 고도의 집중과 몰입 상
태를 만들어 내는 베짱이가 더 멋지다고 생각한다.

오늘날 재미와 즐거움을 인간됨을 추구하는 궁극적이고 중
요한 요소로 보는 히더니즘(hedonism, 쾌락주의)이 마케팅의 핵심
으로 부각되고 있다.

5

올리고 내리고
반전을 타라

· N화법 : 올렸으면 내리고, 내렸으면 올려라.
· 내가 만든 유머 기법은 WX = YZ
  W 올리고 내리는 것이 기본이고(N화법),
  X 올리면 더 올리고, 내리면 더 내리고
  Y 재미가 있으면 예스(Yes)를 하고,
  Z 재미가 없으면 잠(ZZZ)이 온다.

올리고 내리는 리듬과 반전

• 올리고 내리고(N화법)

상반되는 구조로 좋은 사람, 나쁜 사람, 잘된 사람, 못된 사람 등과 같이 대조적으로 구성한 후에 환장한 사람을 추가시켜 반전하는 일반적인 방식이다.

• 올리면 올리고(점층법), 내리면 내리고(점강법)

하나의 단어를 쓰면 그 단어에 점층법 또는 점강법 등으로 구성한다. 잘한 팀, 더 잘한 팀, 못한 팀, 더 못한 팀. 박수 그

Part 2 유머화술 이것만 알면 된다   93

냥 치신 분, 박수 많이 치신 분 등과 같이 예측을 빗나가게 하는 방식이다.

- 국민건강보험 광고: 맞춤형 복지국가! 건강은 올리고! 부담은 내리고! 더 건강한 대한민국을 만들어 갑니다.
- 법무사 선거: 수입은 올리고! 경비는 내리고! 직역은 지키고! 더 나은 법무사로 만들어 갑니다.
- 저는 술, 담배를 하지 않는 100% 괜찮은 사람입니다. 아~ 그래요. 나는 술, 담배를 하는 200% 괜찮은 사람입니다.
- 안정환에게 김태용 감독에 관해 물어보니까 "저는 감독님을 좋게 평가하지 않아요. 대단하게 평가합니다."
- 당신을 좋은 사람이라고는 생각 안 하고 참 좋은 사람이라고 생각합니다.
- 예쁘다고 말하기는 좀 그렇고요. 정말 예쁘다고 말하고 싶습니다.
- 남자가 잘생겨봤자 아무 쓸모가 없다지만, 못생긴 건 더 쓸모가 없다.
- 아빠 힘내세요, 우리가 있잖아요. 그래서 힘든 거야!
- 행복은 멀리 있지 않습니다. 졸라 멀리 있습니다.
- 오늘 힘들다고 슬퍼하지 마세요. 내일도 힘드니까요.

[아내의 수술]

오늘 아내가 수술한다고 했는데, 아마 수술이 끝났을 건데 아직까지 연락이 없어 참 걱정이 되고 있네요.

잘 돼야 할 텐데…

무슨 수술을 하였는데요?

쌍꺼풀 수술

부정어를 빼면 긍정어가 된다

부정어에 속하는 '안.못.불.비' 빼기를 실천한다.

- 안. '안'자를 뺀다. 개그콘서트 "안! 되요" → "되요~~"
- 못. '못'자는 뺀다. '못'자를 빼서 만든 것이 남이섬이다.
- 불. '불'자를 금한다. 불평, 불만, 불신. 不자는 No!
- 비. '비'자를 금한다. 비교, 비판, 비난. 非자는 No!

내 말에 '못' 자가 들어가 있으면 이루지 못하지만 '못' 자는 빼보면 이루어진다.

여자의 3대 거짓말. 못 잊어, 못 믿어, 못 살아. 이러한 부정어 '못' 자는 빼보라. 긍정어로 반전이 일어난다.

한 고등학교 선생님은 학생이 말도 없어 결석했을 때

"왜 학교에 안 왔어?"라고 묻는 대신에,

"왜 학교에 못 왔지?"라고 묻는 것이다.

'안', '못' 한 글자 차이지만 듣는 학생에게는 느낌이 전혀 다르다. 같은 말도 예쁜 말은 이렇게 어렵지 않다. 한마디 말이 관계의 변화를 만들고 인생의 흐름을 바꾼다.

- 꿈에도 생각 못 했습니다. → 꿈에도 생각했습니다.
- 이런 거 아무한테나 안 주는 거야. → 이런 거 아무한테나 주는 거야.
- 두 분의 커플 너무 잘 어울리십니다. → 두 분의 커플 너무 안 어울리십니다.

- 저에게 그렇게 말씀하시면 (안) 좋습니다.
- 저는 남자로서 불의를 보면… (못) 참는 사람입니다.
- 강의하고 있는데 앞에서 사진 찍는 거… (안) 좋습니다.
- 그렇게 오랫동안 사귀었는데 (뜸들이다) 헤어지는 비법이 무엇입니까?
- 그런 일이 생겼을 때 나라면 (뜸들이다) 참아 버리지!

[안돼요, 돼요]

한 여자는 남자 친구가 키스하려 하자 "안 돼요~ 안 돼요~"
하며 거절했다.

남자 친구가 계속 시도하는 중에 문득 떠오른 게 있었다.

"아~ 참 '안'자는 빼라고 했지. 부정어이니까

안 돼요~~ 안 돼요~~ 돼요~~ ㅎㅎ"

무심코 당신이 사용하는 말에는 두 가지가 있다.

상대를 내 안으로 끌어들이는 풀링 언어(Fulling word). "당신 말에 일리가 있어요.", "전적으로 동감합니다." 등으로 긍정언어다. 다른 하나는 말을 함으로써 상대를 움츠리게 만들고 달아나게 하는 푸싱 언어(Fushing word). "그건 당신 생각이죠.",

"아니야 내 말을 들어 보세요." 등으로 부정어다. 우리가 말을 통제하는 것이 아니라, 말이 우리를 통제하는 것이다. 한마디의 말이 벽이 될 수 있음을 알아야 한다. 유머는 상대를 끌어 안는 풀링 언어의 정수다.

– 벤허77, 〈1% 리더만 아는 유머대화법〉 중에서

유머는 가장 멋진 거짓말

가끔은 악의에 찬 진실보다도 사람을 진심으로 사랑하는 마음이 깃든 거짓말이 필요할 때도 있다. 유머는 거짓말 중에서 가장 멋진 장르이다.

- 세상에서 가장 많이 쓰는 말은? 거짓말
- 제주도에 꼬리가 두 개 달린 말은? 거짓말
- 한국에서 거짓말을 가장 잘하는 사람은? 국회의원
- 우리가 남들에게 하는 거짓말은 우리 자신에게 하는 거짓말에 비하면 아무것도 아니다. – 데렉 랜디

[남자의 거짓말]
"나 오늘부터는 술도 끊고, 담배도 끊고, 그리고 말이야, 바람도 안 피우기로 했어."
"그럼, 친구는 오늘부터 무슨 재미로 사나?"
"그거야, 거짓말하는 재미로 살지."

6

내 유머 비밀창고를
열어라

◆ **유머 3.3.3 법칙**
　누군가로부터 유머를 들을 때는,
　· 3분 안에 메모하여 두고,
　· 3시간 안에 내게 맞게 정리하고,
　· 3일 안에 메모한 유머를 써먹어라.

내게 맞는 유머 만들기

사람들은 유머 좀 해보고 싶은데 막상 하려고 하면 잘되지 않는다 한다. 어떻게 하면 유머를 잊지 않고 필요할 때 써먹을 수 있을까? 나의 경험담으로는 바로 '적자생존' 적어 놓으면 살아남는다는 것이다.

유머 하기는 딱 3가지만 생각하라.

• 유머를 들으면 즉시 메모한다.

• 외우고 무조건 써먹는다.

• 상황에 맞게 응용한다.

관찰의 습관이 필요하다.

어디에 가든 좋은 글귀가 있으면 관찰해보고 메모하는 습관을 지녀야 한다. 안심하고 잊을 수 있는 기쁨을 만끽하면서 항상 머리를 창의적으로 쓰는 사람이 성공한다. 그 비결은 바로 '메모 습관'이다.

캐치하면 메모하라.

메모는 창의성에 필요한 개인 도구다.

메모 습관은 글쓰기 훈련이다. 글쓰기는 지식인의 기초이고 말하기는 지성인에게 필요한 기본이다. 말발이 좋다 하여 글발이 좋은 것은 아니다. 반대로 글발이 좋은 사람은 말발이 좋아질 수밖에 없다.

메모에는 두 종류가 있다.

정보를 수집하는 메모와 생각을 수집하는 메모.

메모를 정보를 수집하는 용도로만 사용하면 자기만의 지식을 만들어내기 어렵다. 외부로부터 들어오는 데이터와 정보를 있는 그대로 이용하기 때문이다. 자기만의 지식을 만들고 지혜로 발전시키려면 자신만의 생각을 꾸준히 만들어나가야 한다. 정보를 수집하는 메모보다 중요한 것이 내 생각을 수집하는 메모다.

유머 수집은 내게 맞는 것을 수집하여 메모한다. 유머책, 광고글, 방송, SNS, 유튜브, 강연 등에서 보면 즉시 메모하거나 촬영하여 둔다. 혹시 메모를 놓치면 포털에서 검색하여 보면 대부분 나온다. 메모 후에는 자기 생각을 덧붙여 놓으면 좋다. 나중에 이를 보게 되면 자신의 글을 칭찬하게 된다.

휴대폰에 유머방 만들기

학생 때 '밑줄 쫙 돼지꼬리 땡땡' 다들 기억할 것이다.

중요도에 따라, 메모 → 밑줄 → 네모 → 붓칠(음영, 형광펜) 등으로 표시를 해둔다. '네모' 표시는 일종의 이미지화 작업이다. 인간의 뇌는 이미지로 사고함으로 텍스트에 네모라는 이미지를 가함으로써 오래 기억하도록 각인시키는 효과가 있다.

좋은 책을 읽다 보면 분명 감동을 만나게 된다.

"아니 어떻게 이런 생각을…"

"이야~ 이것 꼭 기억해 놓아야겠다!"

하지만 좀 지나면 잊는다. 이걸 어떻게 찾아낼까.

메모 도구는 검색이 가능한 디지털 수첩을 사용한다.

명작의 뒤안길엔 반드시 메모의 광주리가 있듯이 메모는 글솜씨를 향상시키는 보증수표다. 더 나아가 말을 잘하는 사람이 된다. 메모하는 것은 기억력 감퇴를 막는 중요한 방법이다. 21세기 지구인의 외장형 두뇌라고 불리는 핸드폰을 이용하여 메모하여 두는 것이 최고의 방법이다.

• 유명한 사람들의 공통점은 메모의 왕이다.

• 부자가 된 사람들의 성공 원천은 독서이다.

• 프로는 메모를 하고, 아마추어는 듣기만 한다.

[책 시리즈]

· 세상에서 가장 많이 팔린 책은? 공책

· 책도 안 읽고, 공부도 안하고 살면? 속수무책

· 아무 생각 없이 살게 되면 받은 책은? 주책

· 유머를 배우고 싶다면 무슨 책이 좋을까? '제 책'이다.

나는 예능 토크쇼에서 좋은 대사가 나오거나, 누군가로부터 유머를 듣거나, 광고의 한줄 카피 등을 보면 즉시 핸드폰 에버노트에 메모하여 둔다. 그후 메모해 둔 유머를 나만의 것으로 재정리하여 유형별 노트(카드화)에 저장하여 놓는다.

유머 창고를 열어 써먹기

유머는 메모의 힘이 나온다.

메모하여 놓은 유머가 많아지면 자신감도 생긴다.

책을 많이 읽는 사람이 지식수준이 높듯이 공책을 많이 사는 사람은 메모를 좋아하는 사람이다. 좋은 말이 떠올랐다면 지금 바로 메모를 하고 좋은 글로 완성을 해 본다. 그리고 작성된 글을 누군가에게 전달한다. 어느 순간 나도 모르게 좋은 입술을 가지게 된다. 유머도 마찬가지다. 메모하고! 자기 것으로 만들고! 누군가에 써먹는다! '고!고!고!'가 답니다.

나는 대화에서 유머를 하고자 하는 경우 내게 맞는 좋은 글과 유머 글을 저장한 핸드폰과 PC가 동기화되는 에버노트(메모장)에서 대화 주제와 관련된 키워드를 검색한 후에 대화와 관련한 유머를 자연스럽게 날린다.

지금까지 2011년부터 모은 자료가 7,000개가 넘는다. 아래 그림은 내 에버노트의 PC화면이다.

나의 에버노트 PC 화면

7

유머 접근,
썰렁 두려워 마라

◆ 유머는 마술의 '서스톤 3원칙'과 비슷하다.
· 비밀을 알려 주지 말 것.
· 결과를 알려 주지 말 것.
· 같은 기술을 두 번 보여주지 말 것.

열 번 해서 세 번 웃기면 성공

유머 공포는 어떻게 극복할까?

최규상 유머코치는 유머를 잘하려면 좋은 대학을 다녀야 한
다고 알려 준다. 그 좋은 대학은 '들이대!' 때와 장소를 가리지
말고 유머를 들이대라고 한다. 유머는 들이대면서 실수도 해
보고, 실패도 해보고, 썰렁함도 해보면서 다양한 연습과 경험
으로 다져지면 자연스러운 유머가 나오게 된다. 그리고 청중
들은 '리액션. 아~~, 맞아~~, 박수' 등 맞장구에 인색하므로
모든 유머가 무조건 웃겨야 한다는 생각은 버려야 한다.

무대 공포는 '무대뽀'로 극복한다.

무대뽀란 무대에 올라 뽀대나는 연출을 하는 것

무대공포증을 느끼지 않는 사람은 딱 2명이다. 하느님과 미친 사람이다.

나는 들이대를 잘 실천하였다. 기회가 있으면 버스 속에서, 모임에서, 등산에서, 송년회, 신년회 등 때와 장소를 가리지 않고 유머를 들이대 왔다. 많은 사람이 모이는 곳에는 유인물도 만들어 나누어 주기도 하였다.

내 유머는 왜 썰렁해질까?

내가 유머를 하면 왜 썰렁해질까?

그 이유는 딱 세 가지다.

첫째로, 미리 선수 친다(앞북치기).

먼저 "진짜 웃기는 유머 하나 해줄까?" 식으로 말하여 기대치를 높이고 유머를 시작하는 것이다. 유머의 성공은 의외성이어서 상대방이 예측하지 못하도록 유머가 아닌 것처럼 한다. 유머를 하기 위해 자연스럽게 대화 소재를 유머와 관련된 주제로 유도하는 때도 있다.

둘째로, 유머가 너무 길다.

유머의 핵심 요점만 말해야 하는데 장황하게 설명해 가면서 말한다. 그러면 지루해진다. 장황하게 설명하지 말고 다이어트 시켜 짧게 말한다. 듣는 사람 전부를 이해시킬 필요는 없다. 중간에 끼어든 사람이 있더라도 무시하고 말을 이어간다.

마지막으로, 내가 먼저 웃는다.

유머를 하는 중에 절대 웃지 않는다. 진실인 것처럼 태연하게 말한다. 눈치 채지 못한 마지막 반전의 말 한마디가 묘미다. 다시 해 달라고 하더라도 하지 않는다. 그럼 옆 사람이 설명하여 준다. 다시 하면 웃음이 나오지 않는다.

청중이 웃지 않는 이유 하나로는 화자의 말을 이해 못 하는 경우가 많다. 일부는 웃는데 일부는 웃지 않는다. 이건 염려 마라. 그건 청자의 문제이니까.

절대적으로 금지할 사항은, 유머로 비수를 꽂지 마라. 특히 신체적 약점을 꼬집는 것은 분위기만 더 썰렁하게 만들고 상처를 남긴다. 유머는 상호 존중을 기반으로 한다. 특히 19금 유머는 코드나 세대가 맞지 않으면 변태로 찍히거나 성희롱으로 곤욕을 치른다. 손아래 젊은 여성이나 대중 앞에서는 절대 안 된다. 듣는 사람의 생각이 다 다르기 때문이다.

썰렁한 농담도 가치가 있다.

내가 당신을 좋아하고 있음을 원초적으로 보여 주는 것이 "당신을 웃기고 싶다"라는 거죠.

싫어하는 사람을 웃기고 싶은 경우는 어디에도 없거든요.

어떤 썰렁한 농담도 가치가 있다는 건, 내가 당신을 좋아하고 있다는 것을 표현하기 때문입니다. −방송인 김제동

썰렁한 유머라고 하면 어쩌지?

사람들은 자신은 유머를 하지 못하면서 상대의 유머에 대해 썰렁하다고 핀잔을 주는 사람들이 꼭 있다. 우리는 그런 사람들이 있기에 혹시 내 유머가 썰렁하지 않을까 하는 두려움을 가지는 것이다.

상대가 썰렁한 유머라고 핀잔을 놓으면 적극적으로 더 들이댄다. 썰렁하다고 말하는 대부분 사람은 그가 유머를 할 줄 모르는 사람이다. 그러니 썰렁한 유머라고 들었다 하더라도 위축되지 말고 자신 있게 되받아넘기는 자신감을 가진다.

- 넌 나의 유머 실습자료야! 그래서 한번 해 봤어!
- 아~~ 이 유머는 썰렁한 유머인지 반응을 보기 위한 테스트용이다.
- 썰렁 유머 죄송합니다. 댁에서 따뜻한 유머 하나 해 주세요. 하나 배워 가겠습니다.
- 다른 데서는 웃던데…. 여기서는 썰렁하다고 하네. 후천성 웃음 결핍증에 걸리셨나?
- 세상에서 가장 미운 사람이 누군지 알아? 유머는 못 하면서 유머를 듣고 썰렁하다고 말하는 사람이야.
- 내 유머에 효과음을 내주어야 재미가 있어 보이는데, 여기는 효과음 맞장구가 없네.
- 썰렁한 유머라고 느껴져도 웃어주고 박수쳐 주는 사람이 멋진 사람이다.
- 이럴 줄 알고 유머 안 하려고 했는데…. 당신이 하면 웃길 것 같다.

Part 3

인사대화
The 멋있고 맛있게

1. 인사는 진품! 칭찬은 명품!

2. 말은 멋있게! 밥은 맛있게!

3. 문자대화는 깔끔, 톡톡 튀게!

4. 대화는 상대 존중! 칭찬 폭탄!

5. 나를 낮추는 자학화술이 최고!

6. 닭살멘트 햇살! 넉살멘트 작살!

7. 헤어질 땐 훈훈한 유머멘트 발사!

유익한 명언들

· 비난하지 마라. 함부로 내뱉은 말은 상대방의 가슴속에 수십 년 동안 화살처럼 꽂혀 있다.　　　　　　　　　　　　　– 롱펠로우

· 유머를 사용하라. 운명과 유머는 같이 세계를 지배한다.　– 하비 콕스

· 남자가 여자보다 웅변에는 더 능하지만, 설득력은 여자가 남자보다 더 강하다.　　　　　　　　　　　　　　　　　– J.랜돌프

· 명령하면 상대는 억지로 일하게 된다. 열의를 다해서 설득하지 않으면 그 누구도 따르지 않는다.　　　　　　　　　– 구로키 야스오

· 설득이란 남의 이견(異見)을 존중하는 데서 시작해야 한다. 한번 기회에 성과가 있기를 바라질 말아야 한다.　　　　– 벤저민 디즈레일리

· 남을 설득할 때는 자기가 먼저 감동하고, 자기를 설득하는 데서부터 시작해야 한다.　　　　　　　　　　　　　– 토머스 칼라일

· 현명한 사람은 말할 것이 있을 때 말하고, 바보들은 아무거라도 말해야 하기 때문에 말한다.　　　　　　　　　　　　– 플라톤

1

인사는 진품!
칭찬은 명품!

◆ **사람을 기분 좋게 하는 반전 칭찬**
 · 얼굴에 뭐 묻었어요! 아름다움이~
 · 옷에 뭐 묻었어요! 품위가~
 · 머리에 뭐 묻었어요! 우아함이~
 · 웃음약을 먹고, 사랑약에 취하라.

첫인상이 중요하다

사회생활의 만남에서 첫인상이 중요하다.

첫인상효과라고 하는 초두효과가 있다. 먼저 제시된 정보가 나중에 들어온 정보보다 전반적인 인상 현상에 더욱 강력한 영향을 미친다는 것으로, 첫인상이 중요하다고 말한다. 초두효과로 인하여 첫인상이 좋으면 뒤에 나쁜 인상을 줄 때도 그 나쁜 이미지를 무시하게 되는 경향이 있다. 그 이유는 초두효과가 나타나는 첫인상이 강력한 효과를 발휘하기 때문에, 후기 정보에 주의를 기울이는 정도가 줄어들게 된다고 한다.

사람이 상대의 첫인상을 판단하는 시간은 고작 3초에 불과하다고 한다. 미국의 심리학자 로버트 쿠르즈반은 남녀 1만 626명의 데이트 형태를 분석한 결과 첫인상 형성에 겨우 3초라는 시간이 걸렸다고 말했다. 즉 상대방을 만나는 순간 바로 "아, 이 사람은 괜찮아." 혹은 "이 사람은 좀 별로네."라는 판단을 내리게 된다는 것이다.

좋은 첫인상을 만들려면 먼저 웃는 모습을 보이고 상대를 웃겨라. 당신과의 만남이 기분 좋은 것으로 느끼게 해야 한다. 유머감각을 발휘해 웃길 수 있다면 최상이다.

인상을 쓰고 계신 분에게 날리는 멘트

"혹시 거울 있으세요?"

"네?"

"거울을 보세요. 내가 웃어야 거울도 웃어요."

칭찬은 구체적으로 특정하여 강조

여자에게 칭찬은 과장법을 아끼지 마라! 여자에게는 외모를 칭찬하고 남자에게는 용기를 칭찬하는 것이 최고라 했다.

첫인사 즉 스몰토크에서 "옷이 참 예쁘네요."보다는 "옷 패션 감각이 탁월하시네요."식으로 소유물보다는 그 사람의 외모, 능력, 직업 등에 대한 칭찬이 더 좋다. 또한 구체적으로 특정하여 칭찬하면 신뢰감을 더욱 높일 수 있다.

더 나아가 강조하는 덧붙인 칭찬이 더 좋다. 정말, 매우, 몹시, 너무, 가장 등 용언을 '꾸며주는 말'을 덧붙여 준다. 말 잘하기에서는 부사를 빼라 하지만 칭찬에서는 넣으면 더 좋다. "예쁘다"보다는 "입술이"(구체적) "정말"(강조) "예쁘다"(칭찬) 식으로 구체적으로 특정하고 강조하여 칭찬한다.

- 입술이 참 예쁩니다. 아마도 좋은 말을 많이 하셔서 그런가 보네요.
- 눈이 정말 아름다우시네요. 아마도 사람들의 좋은 점만을 보고 사시니까 그러신가 보죠?
- 저는 당신을 잊으려고 노력합니다. 왜냐하면 당신의 아름다운 모습이 기억되면 도무지 일이 안 되니까요.
- 나는 당신 앞에만 서면 멍~ 해저 버려? 왜요? 당신이 너무 아름다우니까!
- 정말 안타깝습니다. 정말~ 안타까워요? 네? 뭐가요? 당신의 아름다움을 여러 사람이 같이 봐야 하는데 저 혼자만 본다는 것이 너무 안타깝다는 것입니다.
- 와우 놀래라. 눈이 번쩍번쩍. 백만 볼트 전압을 눈에 넣고 다니시네요?
- 한반도 지도를 가지고 다니시네요? 네? 한반도 지도가 S자처럼 생겼잖아요.
- 야! 넌 나이 값도 못 하고 말이야! 왜? 이렇게 (뜯들이다가). 아직도 예쁜 거야?

거울은 먼저 웃지 않는다. 내가 웃어야 거울도 웃는다.

항상 웃음을 띠게 하는 순간은 인사를 나눌 때이다. 웃음의 약 70%가 이때 이루어진다고 한다. 첫 만남일 경우에는 이런 만남이었으면 좋겠다는 상상을 하며 웃음을 연습하면 실제로

멋있는 웃음을 상대방에게 줄
수 있다.

그냥 인사하는 것보다 이름
을 불러주며 인사한다.

1번 "안녕하세요?"

2번 "민국님 안녕하세요?"

어느 쪽 인사에 눈길 가는가? 바로 이름 불러주는 2번이다.
마케팅 지원회사인 톱판폼스가 진행하여 본 실험 결과이다.

우리 뇌는 무의식적으로 자신에 대한 정보를 수집한다. 자
신의 이름을 불러줄 때 뇌에서 훨씬 더 높은 집중을 한 것으로
나타났다고 한다. 계속해서 상대방의 이름을 많이 불러주는
것이 좋다. 가장 친숙해지기 쉬운 방법의 하나다.

명함은 그 사람의 이력

명함 한 장에 그 사람의 직업과 살아온 이력, 스타일 등 좋아
하는 것들이 드러난다. 명함에 취미나 꿈도 넣기도 한다. 명함
에 적히는 직급과 직위로 나를 말하고 앞에 사(社)자와 뒤에 사
(師·士)자로 소위 성공인지 실패인지를 가늠하는 잣대가 된다.
이것이 세상에서 줄 세우기, 서열화 세상이다.

명함을 받아 보고 내가 받는 이익이 있다 생각되면 보관하지
만 그렇지 않으면 버린다. 명함을 받으면 명함에서 칭찬할 일

이 있는지 찾아본다. 메일주소가 인상적이라면, "메일 주소 혹시 작명소에서 지으셨나요?" 말을 건네 본다.

- 명함 잘 보관하세요. 연말에 추첨해서 상품 드립니다.
- 명함 두 장을 주면서 "다른 한 장은 저를 소개해 주실 때 사용해 주세요."

명함이 없거나 떨어졌거나 주기 싫을 때

- "아~ 어쩌죠? 명함이 떨어졌네요. 주민등록증(운전면허증)이라도 드릴까요? 주민등록증을 보여주면서, "저는 주민센터가 보증하는 남자입니다." 혹은 운전면허증을 보여주면서, "저는 경찰서가 보증하는 남자입니다."

여성들은 남성에게 넥타이가 멋있다고 칭찬하여 주는 경우가 많다. 이럴 땐 그저 "감사합니다."라고 의례적인 답변보다는 유머러스하게 대답하여 준다.

- 저는 단지 아내 말을 잘 들었을 뿐입니다.
- 전 죄가 없습니다. 아내가 해 주었을 뿐입니다
- 넥타이가 더 멋져 보이게 못생긴 얼굴로 나왔습니다.
- 넥타이는 예쁜데 옷걸이는 별로입니다.
- 당신이 칭찬해 줄 넥타이를 매고 왔습니다.
- 넥타이가 어울리네요(멋지네요)라고 하면, 하하. 제가 멋지다 보니 넥타이가 그렇게 보입니다.
- 얼굴에 김이 묻었어요? 예쁜김, 잘생김

악수는 손 인사

서로 손바닥 마주치면 악수, 비비면 손 뽀뽀, 손깍지까지 끼면 손 키스가 된다. 악수하며 재치있는 유머 한 마디가 상대를 웃게 만든다.

- 골프장에서 악수하게 되면 "오우~ 그립을 잘 잡으시는걸. 보니 싱글이시겠네요?"
- 반가운 사람을 오랜만에 만났을 때 악수를 하면서 "하하. 여기서 만나게 될 줄은 꿈에도 ～ (잠시 뜸들이고) ～ 생각했었습니다."
- 오랜만에 만났는데 변함이 있는 경우 마치 변함이 없는 것처럼 뉘앙스를 풍기다가 반전시키는 말 "아휴～～ 예전이나 지금이나 똑 ～ (잠시 뜸들이고) ～ 같지 않네요?
- 너무 너무 아름답습니다. 다음부터는 제 눈을 유혹하지 마세요.
- 악수를 하고 나서 내 손을 양복 안주머니에 넣고 나서 날리는 멘트 "당신의 마음을 내 속에 담았습니다."

[소개팅]
상대에게 밝은 미소와 함께 악수 청하면서 멘트를 날린다.
"싱글이지요?

전 벙글입니다. ㅎㅎㅎ

우린 싱글! 벙글!"
처음 소개팅에서 어렵겠지만 악수하는 척하면 상대와 당신과의 친밀감을 어느 정도 높여줄 것이다. 골프장에서 처음 만나 인사하는 경우 사용하면 아주 제격이다.

2

말은 멋있게!
밥은 맛있게!

◆ **밥상, 술상의 평화**
· 정치 이야기를 금하고,
· 종교 이야기를 금하며,
· 돈, 가족 자랑을 금하라.

유머는 밥상머리에서 시작

가족과 함께 식사하는 것만으로도 우리의 몸과 마음이 더욱 건강해진다. 밥상머리 대화는 인생 최초의 교실이다. 식탁 대화를 통해 가족사랑과 인성을 키운다.

대한가정의학회지(2021)에 실린 서울대병원 가정의학과 이경실 교수팀 연구에 따르면, 저녁을 혼자 먹는 사람의 우울증 발생위험은 26.6%로, 가족과 함께 먹거나(17.7%), 지인과 함께 먹는 사람(18.4%)보다 높았다. 음식과 정신건강의 연관성이 부각되며 '가족 식사'의 중요성을 강조하고 있다.

엄마가 밥상을 차려놓으면 아이들은,

맛이 있으면 "감사히 먹겠습니다."

맛이 없으면 "간신히 먹겠습니다."

[아내의 밥상]

부부싸움 후 남편은 온종일 부인과 말 한마디 하지 않고 냉전 중이다. 그래도 배는 고파서 부인에게 소리쳤다.

"안방으로 밥 좀 가져다줘!"

잠시 후 누군가 안방 문을 두드리더니

"배달입니다!" 하는 소리가 들려 방문을 열어 보니 배달원이 밥상을 들고 서 있다.

"아니 이게 무슨 일이오?" 하니 배달원이

"부인께서 안방까지 밥상 배달해 달라고 하시네요!"

황당해하며 남편이 밥상을 받자 배달원이 하는 말!

"착불입니다."

법정 용어 같은 딱딱한 말보다 시골 할아버지의 구수한 입담이 오래 기억된다. 같은 표현이라도 개소리를 Dog sound로, 껌을 입속의 애인 등으로 재미나게 말한다.

- 노글노글 녹여서 드리는 녹차 드릴까요?
- 둥글둥글 말아서 마시는 둥글레차 드릴까요?
- 세 사람이 있으니깐 인삼차 드실래요?

- 차요? 쌍화차, 인삼차, (뜸들이다) 이런 거 말고 물 한 잔 주세요.
- 웃음차 만들기: 왼손에 행복 잔을 들고 오른손으로 웃음차를 따릅니다. 그러면서 입으로는 하하하 외쳐 줍니다.
- 사랑차 마시기: 사랑잔에 행복을 타 마신다.
  아침에 웃음차 한잔, 점심땐 사랑차 한잔, 저녁에 행복차 한잔 마신다.

일식은 칼맛이고, 중식은 불맛이며, 한식은 손맛이다.
오늘은 양식이라면 무슨 맛? 양손맛? 멋맛?

[피자 선물]
이 책을 구입하시는 분에게 피자를 쏜다.
가장 맛있는 피자는? 얼굴피자
노인들이 좋아하는 피자는? 허리피자
학생들이 좋아해야 할 피자는? 책피자.
새신랑이 좋아하는 피자는? 이불피자
이외에도 가슴피자, 어깨피자, 다리피자, 주름피자도 있다.
바람피자는 부작용이 심하여 팔지 않는다.

- 사과는 내 몸에 사과하면서 먹어라! 유럽 속담에서 하루에 사과를 한 개씩 먹으면 의사가 필요 없다.
- 감자는 감사하면서 먹어라! 감자는 알칼리 식품이다. 비타민C와 철분이 풍부하다.
- 배는 배의 정화와 해독을 한다. 식중독 걸렸을 때 배를 깎아 먹으면 해독된다.

- 토마토는 토하도록 먹어라! 유럽 속담에서 토마토가 빨갛게 익으면 의사 얼굴이 파랗게 된다.
- 마늘 먹을 때마다 너 마늘 생각하고, 생강 먹을 때마다 너 생각을 많이 하지.
- 감기는 감사하고 기쁜 일이 없을 때 걸린다고 해서 감기라고 한다. 감기에는 생강이 좋고 생간은 나쁘다. 생강을 끓이면서 생각을 해보니 생강은 체온을 높이어 생각을 따뜻하게 한다.

말투는 당신의 인생이다

말투는 말하는 버릇으로 살아가면서 자연스럽게 형성된다. 말에는 각인효과가 있어 같은 말을 반복하면 그대로 된다.

'할 수 있을까?'보다는 '할 수 있어'가 좋고, '이것밖에 안 남았어!' 보다는 '이렇게 남아 있어'가 좋고, '자신 없어' 보다는 '도전해볼 거야' 등으로 긍정어가 좋다.

Change your Words, Change your World

당신의 말을 바꾸세요, 당신의 세상이 변합니다.

하루에도 수없이 하는 말투를 고치면 인생이 바뀐다. 오늘은 어제 사용한 말의 결실이고, 내일은 오늘 사용한 말의 열매다. 말투 습관을 부정어에서 긍정어로 바꾸면 인생도 바뀐다.

대화의 기술은 3단계로 이뤄진다. 상대와의 공감 지지대를 세우고, 호감의 벽돌을 쌓으며, 칭찬 지붕을 올리는 것이다.

- 논리만 앞세우면 감성의 변화가 없다.
- 감성만 앞세우면 강조하는 내용이 없다.
- 톡톡 튀는 말을 하라. 말은 짧게, 생각은 깊게
- 자신을 낮추고 의외성과 반전의 유머를 가미하라.
- 여기에 하나 더 추가한다면 공감대화로 함께하라.

말은 부메랑 같아서 말은 다시 돌아온다. 마찬가지로 화도 내가 내지만 나에게 되돌아온다.

아들의 성적이 엉망이자 남편이 아내에게 화를 낸다.

아내는 공부 못한 아들을 쥐어박는다.

아들은 열받아 강아지를 발로 찬다.

강아지는 남편을 문다.

이처럼 화를 다스리지 못하고 폭발하면 자신에게 돌아온다.

대화에도 질서가 있다. 끼어들기, 가로채기, 자르기, 앞지르기는 4대 재앙이다. 말이 너무 많고 자기 이야기만 하거나, 상대의 말에 무조건 끼어드는 등의 사람에게 한 방 날리기.

- 사람은 씨가 좋아야 한다. 맵씨, 말씨, 마음씨, 그런데 그런 씨는 없고 '에이씨'만 있다.
- 지성미, 섹시미, 인간미 이런 거는 없고 '니기미'만 있다.
- 저기요. 지성적이네요? 네? 지 성질대로 사는 성격이요!
- 저는 내성적입니다. 내 성질대로 사는 성격입니다.
- 제주도에 꼬리가 두 개 달린 말이 있어요. 그 말이 무슨 말인지 아세

요? 거짓말
- 말이 제일 싫어하는 것은 무엇인지 아세요? 말 꼬리 잡는 것, 말 돌리는 것, 말 바꾸는 것
- 말과 행동이 일치하는 사람은 누구지요? 승마선수

말투 차이 덕분에, 때문에

평소 어떤 말을 자주 쓰나요?

오늘 우리는 어떻게 살고 있나요?

매사를 긍정적으로 보는 '덕분에'로 살고 있나요? 아니면 늘 부정적으로 보는 '때문에'로 살고 있나요?

'덕분에'라는 말과 '때문에'라는 말의 결과는 엄청난 차이를 준다. '덕분에'라는 마음으로 세상을 바라보면 내 주변에는 좋은 일이 가득하고, '탓'이라는 생각으로 세상을 바라보면 불행이 그림자처럼 따라붙는다. 만월 손정은 말이다.

너 '때문에'라고 말하지 않고 너 '덕분에'라고 말하는 사람은 누군가에 대한 감사의 마음을 늘 품고 있는 사람이다.

좋은 건 내 탓! 나쁜 건 네 탓! 언쟁의 지름길이다.

말에는 힘이 있다. 자신이 말한 대로 생각하게 되고, 행동하게 된다. '때문에'와 '덕분에'라는 말의 작은 차이가 운명을 바꾼다. '때문에'라는 말은 핑계와 변명을 일삼고, 남에게 책임을 떠넘기려는 말투다. 이제부터라도 '탓'이라는 부정의 말보다는

'덕분'이라는 감사와 긍정의 말로 운명을 변화시켜 본다.

- 과거의 탓, 남의 탓이라는 생각을 버릴 때 인생은 호전한다. – 웨인 다이어
- 우리는 힘든 상황에 부닥쳤을 때 그 상황 때문에 망했다며 탓할 수도 있고, 덕분에 새로운 것을 배울 수도 있다
- 좋은 일이 있을 땐, '당신 덕분에', 좋지 않은 일이 있을 땐, '저 때문에' 라는 말로 시작해보세요. 작지만 따뜻한 변화가 시작될 것입니다.
- 덕분에 멘트 : 고맙습니다. 감사합니다. 덕분에 제가 행복해졌습니다.

"덕분에"라는 말은 성공자들이 즐겨 쓰는 말이다. 긍정적인 말이다. 누구 덕분에, 도와주신 덕분에…

"때문에"라는 말은 실패자들이 즐겨 쓰는 말이다. 부정적인 말이다. 자신이 실패한 이유를 합리화시킬 때 자주 쓰는 말이다. 여건 때문에, 환경 때문에…

"～때문에"라는 말 보다 "～덕분에"라는 말을 많이 하자

– 문충태, 〈하루 1분〉 중에서

웨이터 법칙

전 세계에서 통용되는 비즈니스 법칙 중의 하나로, 나에게 친절하더라도 웨이터에게 무례한 사람은 비즈니스 파트너로 삼지 말라는 것이 업계의 불문율이다. 자신보다 지위가 낮은

사람에게 무례한 행동을 한다면 당신에게도 무례한 행동을 할 것이기 때문이다. 또한 그런 사람들과 연결되면 당신의 인격도 함께 내려가게 된다.

당신과 함께 일하는, 당신과 연결된 모든 사람을 최대한 존중하여 준다. 이것이 내가 존중받기는 가장 쉬우면서 어려운 방법이다. 상대방을 존중하는 좋은 말은 나도 존중받은 좋은 말로 돌아온다.

- "웨이터나 부하 직원을 쓰레기처럼 취급하는 사람에게 무엇을 기대할 수 있겠어요. 상대에 따라 대하는 태도가 달라지는 사람과는 가급적 비즈니스를 하지 않는 게 원칙이에요." – 브렌다 반스, 의류업체 CEO
- "실수한 웨이터를 웃음으로 용서하는 것을 보고 그가 어떤 사람인지 알 수 있었어요. 저는 그와 즉각 거래를 시작했죠." – 데이브 골드, IT업체 CEO
- "당신에게 친절하지만, 웨이터에게 무례한 사람은 절대 좋은 사람이 아니다." – 빌 스완슨, CEO

[술 취한 남자의 말투]

술집에서 만취한 남자가 웨이터에게 큰 소리로 말한다.

"야! 어이! 화장실 어디냐?"

웨이터는 정중하게 답한다.

"네.

저쪽에 신사용 화장실만 있습니다만 가셔도 될련지"

3

문자대화는
깔끔, 톡톡 튀게!

◆ **현대인의 집 트렌드**
- 바다가 보이면 오션뷰
- 강물이 보이면 리버뷰
- 녹지가 보이면 파크뷰
- 도시에 있으면 시티뷰
- 우리가 있으면 알라뷰

글로 소통하는 시대

누군가와 소통하기 위해서는 SNS를 통해 글을 쓰거나 댓글을 달거나 이모티콘으로 공감을 표시하는 등으로 소통해야 한다. 만남을 위한 연락의 수단도 되고, 디지털적인 모임을 매개체로 해서 아날로그적 모임이 더 활발해지기도 한다. 이제는 전화보다는 '글을 통한 소통'이 더 일상화되어 있다.

오타 문자의 오해와 즐거움

자음 하나 잘못 쓰면 '사람'이 '사랑'이 되고, 모음 하나 빠뜨

리면 '사람'이 '삶'이 된다.

문자를 보낼 때 늘 실수하는 경우가 많다. 문자 채팅을 하다 보면 오타 실수 다반사. 오타 문자로 웃기도 하는 즐거움도 있고 오해도 발생하는 일이 있다.

- 남편이 아내에게 "자기야 사랑해~" 문자로 고백한다는 것이 오타로 "자기야 사망해~"
- 손녀가 생신을 맞은 할머니에게 축하 문자 "할머니 오래 사세요." 보낸다는 것이 오타로 "할머니 오래 사네요."
- 여자 친구가 생일선물로 원하는 게 뭐냐고 묻기에 생각 없이 "딱히 원하는 건 ㅇ벗어" 답글을 보내고
- 지금 심심하니? → 지금 싱싱하니?
- 생일 언제야? → 생리 언제야?
- 어디쯤 가고 있어? → 어디쯤 기고 있어?
- 엄마 데리러 와 → 임마 데리러 와
- 피자 먹으러 가자 → 피지 먹으로 가자
- 신랑 정장 사러 갈까? → 신랑 정자 사러 갈까?
- 대표님~ 같이 가시지요. → 대표님~ 같이 기시지요.
- 사장님도 잘 가시고 → 사장니도 잘 가시고
- 신발 사이즈는 몇이야? → 시발 사이즈는 몇이야?
- 지금 섹스폰 공연보고 있어→ 지금 섹스 공연 보고 있어.

[오타 문자로 남편이 맞은 사연]

어느 회사에 공처가가 한 사람 있었다.

하루는 갑자기 회식이 잡혀서 집에 말도 못 하고 회식 자리에 가게 되었다. 모두가 건배도 하며 식사를 하고 있는데 아

내에게서 전화가 걸려 왔다.

사장님까지 동석한 자리라 받을 상황이 아니라서 받지 않고 그냥 문자로 급하게 저녁 식사만 하고 간다고 보냈다.

저녁 회식을 마치고 2차를 가자는 것을 끝내 뿌리치고 집으로 돌아왔다.

현관문을 열고 들어서는 순간 아내가 뺨을 확 때리는 것이었다. 그러면서 아내는 폰을 보여 주며 나에게 사실을 말하라고 다그친다.

내가 보낸 문자는… "저년만 먹고 갈께!!!"

같은 말도 톡톡 튀는 문자를 보낸다. 간판이나 현수막 또는 신문, 광고의 카피 한 줄에서 볼 수 있는 글들이다.

- 힘들 때 우는 건 '삼류'입니다. 힘들 때 참는 건 '이류'입니다.
  힘들 때 웃는 건 '일류'입니다. 힘들때 먹는 건 '육류'입니다.
  '육류'는 우리 식당이 최곱니다.
- 눈물이 '핑' 돌 때도 있고, 코끝이 '찡' 할 때도 있고,
  가슴이 '뻥' 뚫린 때도 있다면 당신은 살아 있는 것이다.
- 너는 머리는 텅텅, 배는 빵빵, 행동은 어리 뻥뻥. 어디다 써먹을고?
- 땅과 땀은 거짓말을 하지 않는다. 당신의 땅에 땀을 뿌리면 열매는 맺는다. '땀'이 있는 곳에 '꿈'이 있다

새해, 설날, 추석 등 때가 되면 덕담 멘트를 날리는데 대부분 베낀 것이다. 누가 읽어보겠는가? 기억나겠는가? 나만의 톡톡 튀는 문자 스타일을 만들어 보낸다.

첫 글자만을 세로로 읽으면 의미가 있는 때도 있다. 나만의 특별한 세로 문자의 반전을 맛볼 수 있다.

설날 나는 닭
설날 잘보내고 싶닭
고향 다녀오고 싶닭
애들 용돈주고 싶닭
마눌 다독이고 싶닭
설날 많이 웃고 싶닭
꼬끼오~~
복 많이 받으시길…

새해 문자

쥐띠 친구에게 문자
너.를정말 사랑하쥐~
속.절없이 사랑하쥐~
았.싸하며 사랑하쥐~
지.금에도 사랑하쥐~

잠시 후 보낸 문자
"세로도 읽어보길…"

세로 문자

[아내의 문자. 3가지 금]

세상에서 가장 중요한 '3가지 금'이 있는데, 돈을 상징하는 황금, 음식을 상징하는 소금, 시간을 상징하는 지금이다.

남편은 아내에게 문자를 보냈다.

"여보~ 세상에서 가장 중요한 '3가지 금'이 있다는데 어떤 건지 알아?

잠시 후 부인에게 답장 문자가 왔다.

"음… 황금, 소금… 이게 아니라

난 현금, 지금, 입금" 이게 중요해요.

허걱! 이 문자를 보고 남편이 다시 문자를 보냈다.

"아~ 궁가. 방금, 쬐금, 입금"

띄어쓰기의 매력

문자를 띄어 쓰지 않고 '나는야한여자가좋다!' 이렇게 보내면 상대는 어떻게 읽을까?

'나는 야한 여자가 좋다.'로 읽으면 → 화를 낼 것이고

'나는 야 한 여자가 좋다.'로 읽으면 → 좋아할 것이고

띄어쓰기 여부에 따라 때로는 성적인 말로 들리고, 누군가를 조롱하기도 하고, 욕으로 들리기도 하고, 의미가 달라지는 문자 대화를 한번 써먹어 본다. 상대 답변에 따라 내 맘대로 응수할 수도 있다.

- 서울시 장애인 복지관 → 서울시장 애인 복지관
- 나는 '무지개 같은' 화려한 인생을 살았다가, 지금은 '무지 개 같은' 초라한 인생을 살고 있다.
- 저 사람 '무지개 같은 사장님'으로 알고 취직했는데 겪어보니 '무지 개 같은 사장님'이더라.
- 내 아내는 신혼 때는 '산소 같은 여자'였는데, 지금은 '산 소같은 여자'가 되었다.
- Dream is nowhere (꿈은 어느 곳에도 없다)가,
  Dream is now here (꿈은 바로 여기에 있다)로 바뀐다.
- 커플은 '사랑해 보고 싶어', 솔로는 '사랑 해보고 싶어'
- 후배위하는사람이좋아.
- 누나가자꾸만져요.
- 엄마새끼손가락은작다.
- 아저씨발냄새나요

4

대화는 상대 존중!
칭찬 폭탄!

◆ **고수와 하수 차이점**
 · 고수는 단점보다 장점을 바라보고,
   하수는 장점보다 단점을 바라본다.
 · 여자는 칭찬을 받으면 여왕처럼 되고,
   남자는 칭찬을 받으면 어린애가 된다.

상대방을 인정하고 칭찬한다

유머는 상대에 대한 배려를 바탕에 깔고 접근해야 한다. 상대를 비하하거나 순교자가 되지 말고 상대의 말에 공감하는 것이 최고의 대화이다. 상대방을 인정하고 칭찬하는 것은 부드러운 인간관계를 만드는 가장 기본적 관계이다.

긍정적인 마음을 가진 사람과 대화하면 상대방도 덩달아 기분이 좋아지고 고무된다. 반대로 부정적인 마음을 가진 사람과 대화하면 상대방도 덩달아 의기소침해진다. 내가 하는 말이 곧 내 마음의 상태를 드러낸다. 내가 하는 말이 바뀌면 나를 대하는 사람들도 달라진다.

- 대화의 1, 2, 3 법칙. 한번 말하고, 두 번 들어주고, 세 번 맞장구를 쳐준다.
- 대화는 너무 길지 않게 한다. 긴 이야기란 한 사람이 3분 이상 말하는 것을 의미한다.
- 피그말리온 효과를 기억한다. 그렇게 생각하고, 그렇게 염원하면, 그렇게 이루어진다.
- 대화는 공통점 찾기 스몰토크로 시작하고, 목적은 빅토크로 자연스럽게 이어간다.
- 내가 좋아하는 주제 말고 그가 좋아하는 주제로 한다.
- 약간 낮은 중저음 목소리가 상대방에게 편안함을 준다.

대화의 기술 3가지는 경청, 리액션, 공감

첫째는 경청이다. 집중해서 상대방의 말을 듣는 것이다. 그러기 위해서는 상대방 방향으로 바라보며 눈으로 이야기를 잘 듣고 있는 자세(눈 맞추기)가 필요하다. 가장 쉬운 거 같으면서 어려운 일이다.

둘째는 리액션이다. 적절히 질문도 하고 맞장구를 쳐준다. 상대의 말에 호응하면서 "오~ 그렇군요.", "정말?" 등과 같이 맞장구를 쳐주는 것이다. 그리고 상대방의 끝말을 이어주는 것도 중요하다.

셋째는 공감이다. 상대방과 이야기를 할 때 공감이 제일 중요하다. 진정한 공감이 형성됐을 때 비로소 성공적인 소통이 이루어진다.

인간관계는 상호적이다. 내가 누군가를 외면하면 그도 어느새 그 마음을 알아채고 나를 외면하고 만다. 호감이나 관심을 두고 있던 사람도 경계심을 드러내며 찌푸린 얼굴로 일관하면 다가오는 것을 포기한 채 떠날 것이다.

유단취장(有短取長). 단점이 있어도 장점을 취할 것이 있다는 말이다. 사람의 양면을 모두 볼 줄 아는 '통섭의 가치관'이다. 누구나 장단점을 가지고 있다. 상대의 단점을 장점으로 품어서 존중해주는 사람이 최고의 대화 고수이다.

삼류는 남의 이야기를 듣지 않는다.

이류는 남의 이야기를 듣는다.

일류는 남의 이야기를 듣고 실행한다.

초일류는 남의 이야기를 듣고 궁리한다.

부부대화 5대 1(칭찬과 비난의 비율)**의 법칙**

부부 사이는 열 번 칭찬하는 것보다 한 번 욕하지 않는 게 훨씬 낫다. 한 번의 부정적인 상호작용을 상쇄하기 위해 다섯 배의 긍정적인 상호작용이 필요하다고 한다. 우리의 뇌는 부정적인 것에는 민감하게 반응하지만, 긍정적인 것은 쉽게 간과하기 때문이다.

미국 워싱턴대학교 심리학과 존 고트먼 교수는 부부의 대화를 지켜보는 것만으로 그 부부가 5년 안에 불행하게 이혼하게 될지, 아니면 행복한 부부생활을 유지할 것인지 예측한다. 그 이혼 적중률은 놀랍게도 95% 이상이다.

대화중에 칭찬과 비난이 '5대 1' 정도인 부부는 10년 뒤에도 행복한 가정을 유지하고 있었지만, 비율 차이가 심한 부부들은 이혼하거나 불행한 생활을 하고 있다는 것이다.

대화가 단절된 부부는 상대방을 비난하는 말을 자주 사용하며, 경멸적 표현을 자주 하는 것으로 나타났다. 당신이 사랑하는 사람, 함께하고 싶은 사람에게 다섯 번 칭찬하고 한 번 조언한다. 그러면 이혼하지 않게 된다.

아내가 남편을 사랑할 때 하는 행동 3가지

- 싫은 소리를 적게 한다.
- 칭찬을 많이 한다.
- 예쁜 말을 사용한다.

– 홍장빈, 박현숙 〈끝까지 잘 사는 부부〉 중에서

불편한 친절은 베풀지 않는다

공통점을 찾거나 상대가 좋아하는 것을 물어야지 왜 상대방이 대답하기 곤란한 불편한 친절을 베푸는가. 자존심 상하게.

여성의 나이가 궁금하다 해서 "무슨 띠세요?" 불편한 친절을 베푸는가. 이런 친절에는 우문현답이 최고다. "아~ 네. 부엉이 띠요. 여기 술이나 부엉! 근데 왜 갑자기 띠를 물어보세요?"

- 대답하는 데 시간이 좀 오래 걸립니다.
- 혹시 영장 있으세요? 개인정보라서.
- 태어난 지 오래되다가 매년 바뀌다 보니 못 외워요.
- 저는요 여자에게 나이를 물어보지 않는 사람이 멋진 남자라고 들었어요.

세상에서 가장 멋진 남자는 자기 여자를 다른 사람으로부터 부러움의 시선으로 보게 만드는 것이다. 그리되면 남자가 더 유능하고 멋진 남자로 보인다. 이른바 '발산효과'가 일어난다.

불편한 질문에는 우문현답이 최고다.

말도 안 되는 엉뚱한 말에는 엉뚱하게 답변한다. 불편한 질문에는 화내지 않고 우문현답이 최고다.

- 고향이 어디세요? 나의 살던 고향은 꽃피는 산골이죠.
- 혹시 절 좋아하세요? 아니요. 교회를 좋아하는데요.
  네. 절이라… 수덕사를 좋아합니다.
- 무슨 일 하세요? 좋아하는 일 하는데요. 하던 일 하는데요.
- 어디서 사세요? 집에서 사는데요.
- 우리 이제 앞으로 만나지 말자. 그래 알았어. 그럼 뒤로 만나자.
- 음료수 하나 마셔도 되나요? 안 됩니다. … 두 개 마셔도 됩니다.
- 내일 모임에 올 수 있지? 못 가. 우리 집사람이 사람 많은 곳에 가지 말라고 했거든. 그래서 못 가.

5

나를 낮추는
자학화술이 최고!

◆ 난득호도(難得糊塗)
· 총명하면서도 바보가 되기란 참 어려운 일이다.
솔직하게 털어놓아 망가지면 공감이 형성된다.
· 바보가 바보처럼 살면 그냥 바보지만, 똑똑한 사
람이 자기를 낮추고, 똑똑함을 감추고 바보처럼
처신하는 것은 진짜 '천재 바보'로 고수이다.

자신을 낮추는 자학유머

유머러스한 남자가 인기 있는 건 사실이다. 자신을 낮추는
자학유머는 '단웃음'이 나오지만, 자신의 우월을 강조하는 유
머는 '쓴웃음'이 나온다.

나를 낮추는 것은 열린 마음의 시작이다.

인간관계에서는 멋진 모습을 보여주는 것 못지않게 망가진
모습을 보여주는 것이 친밀한 인간관계 형성에 도움이 된다.
자신을 낮추는 발언이나 유머를 하면 더욱 친근하고 인간미 있
는 사람으로 여겨져 더 높은 인기를 얻을 수 있다. 인간적인

면이 드러나기 때문에 사회적 지위가 높은 사람일수록 자신을 낮추는 것이 오히려 더 매력적으로 보이게 된다.

자신을 낮추면 호감도는 올라간다

미국 뉴멕시코대 길 그린그로스 박사는 2년간 유머와 매력 간의 관계를 연구했다. 서로 다른 4가지 유형의 이야기를 하는 남학생들의 이야기를 듣고 각각의 남학생에 대한 호감도를 조사했다.

① 유형(유머가 아닌 이야기): 조용한 곳에 혼자 있어서 무서웠어.
② 유형(다른 사람 낮추는 유머): 내 친구는 어렸을 때 진짜 겁쟁이였어. ③ 유형(아무도 낮추지 않는 유머): 겁쟁이를 세 글자로 줄이면?
④ 유형(자신을 낮추는 유머): 나는 어렸을 때 진짜 겁쟁이였어.

결과는 여학생들은 자신을 낮추는 유머를 한 남학생에게 가장 높은 호감도를 보였다. 성별을 바꾸어 실험했을 때도 마찬가지 결과가 나왔다. 특히 학점이 좋고, 잘생기고, 집안 환경도 좋은 사람이 자신을 낮추는 유머를 할 때 더 높은 호감도를 얻었다는 사실이다.

완벽한 남자와 평범한 남자 두 사람이 똑같은 실수를 할 때 반응은 어떨까?

완벽남이 실수하는 경우 호감도는 오히려 상승하고, 평범남은 하락한다는 사실이다. 완벽한 모습만 보여 주기보다는 가끔은 자신을 살짝 낮추는 것이 오히려 인간적인 호감을 높일

수 있다. 유명인 스타들이 자신의 단점을 들추어내면 오히려 호감도가 올라가는 이유이기도 하다.

다른 사람들에게 너무 완벽하게 보이려고 애쓰지 마라. 대부분 사람은 자기보다 잘난 사람보다는 조금 낮은 사람에게 더 호감이 간다.

척돌이, 척순이 삼척동자 세상

똑똑한 사람이 넘쳐나는 세상이다. 똑똑한 척, 잘난 척, 아는 척하는 3척 트리오를 '삼척동자'라고 한다. 이런 사람들은 자신의 모자람을 감추기 위한 묘술 책으로 사용한다.

강연에서 똑똑한 사람이 잘난 척하면 청자들은 짜증이 나지만 반면에 자신을 스스로 낮추면 그 인기도는 오히려 상승한다. 자학화술의 매력이다.

- 지식이 겸손을 모르면 무식만 못하고, 높음이 낮춤을 모르면 존경을 받기 어렵다.
- 자신을 낮추거나 바보가 되어 상대를 웃겨주는 자가 진짜 유머 고수이다.
- 자신감이 높은 사람은 자신을 내려놓는다. 우린 이런 사람들을 '진짜 바보'라고 한다.
- 자신을 낮출 줄 아는 사람은 중요한 자리에 오를 수 있고, 남 이기기를 좋아하는 사람은 반드시 적을 만나게 된다. - 명심보감의 경행록
- 사람은 영리해지기는 쉬워도 어리석어지기는 힘들다. 그만큼 어리석음을 따라 하기가 더 힘들다. 자기를 낮추는 것이기 때문이다.
- 알면서 모르는 것이 최상이요, 모르면서 안다고 함이 병이다. -노자

어리석은 다람쥐?

다람쥐는 가을이 오면 겨울 양식인 도토리를 부지런히 땅에 묻어두는데 묻은 장소를 다 기억하지 못한다. 결국 다람쥐의 겨울 식량이 되지 못한 도토리는 나중에 도토리나무가 되어 다시 다람쥐에게 도토리를 선물한다.

다람쥐의 기억력이 탁월해서 묻어둔 도토리를 전부 찾아 먹어 버렸다면 산속에 도토리나무는 씨가 말랐을 거다. 다람쥐의 어리숙함 덕분에 또 다른 식량을 제공받게 되는 것이다.

자신의 단점이 장점이 된다

자신의 단점을 유머 소재로 말하는 자학유머는 자존감이 높은 사람들이 많이 활용한다. 이들은 상대방이나 특정인의 콤플렉스를 가지고 험담하거나 재미의 요소로 활용하지 않는다. 다른 사람이 그런 행동을 할 때는 대화에 끼어들어 긍정으로 바꾸어 주는 사람이 멋진 사람이다.

나를 낮추고 상대를 높이면 손해 보는 것 같다. 남을 배려하고 남 뒤에 서면 뒤처지는 것 같다. 양보하고 희생하면 잃기만 하고 얻는 게 없어 보인다. 이런 사람을 바보라고 할까? 이런 사람이 '멋진 바보'다. 진짜 삶의 고수이다.

[톨스토이가 주장하는 3대 바보]

- 단순바보: 모르는 것은 모른다고 하는 것
- 복잡바보: 모르면서 안다고 생각하는 것
- 축복바보: 알면서도 모른다고 생각해 주는 것

멋진 바보

다른 사람을 높이고 나를 낮추면 손해 보는 것 같습니다.

남을 배려하고 남 뒤에 서면 뒤쳐지는 것 같습니다.

양보하고 희생하면 잃기만 하고 얻는 게 없어 보입니다.

그래서 사람들은 이런 사람을 바보라 부릅니다.

정말 그럴까요?

짧게 볼 때는 바보 같지만 길게 보면 이런 사람이야말로 삶의 고수입니다.

시간이 지나면 이런 사람이 남에게 인정받고 좋은 사람이라 불립니다.

시간이 지날수록 머리가 아니라 마음이 빛나는 '멋진 바보'가 되십시오.

멋진 바보를 만난 적이 있습니까?

양보하고 희생하는 그들이 세상을 아름답게 합니다.

— 정용철 〈사랑의 인사〉 중에서

6

닭살멘트 햇살!
넉살멘트 작살!

· 외모 칭찬은 여자를 춤추게 한다.
· 넉살좋은 남자가 닭살도 잘 날린다.
· 여자에게 외모지적은 최악의 남자이다.

닭살멘트 넘어 타조살 날린다

여자는 아름다움이 인기의 비밀이고, 남자는 재미있는 남자
가 인기의 비밀이다. 넉살 좋은 남자가 여자에게 던지는 닭살
멘트는 곧 여자의 기쁨이다. 알면서 속아 주는 게 여자 심리
아닌가.

남: 난 당신을 경찰서에 고소할 거예요!

여: 왜요?

남: 내 마음을 절도해 가셨잖아요!

여: ㅎㅎㅎ

- 저 여잔 방화범이야! 왜? 내 가슴에 불 지른 방화범
- 저 여잔 절도범이야! 왜? 내 사랑을 훔쳐간 절도범.
- 자기야! 소방서에 전화 좀 해 줘! 왜? 당신이 내 마음에 지른 불이 아직 도 안 꺼졌으니 와서 꺼 달라고.
- 병원에 전화 좀 해주세요. 왜요? 당신을 보니 심장이 터질 것 같으니 치료해 달라고요.
- 응급조치 좀 해 주실래요? 왜요? 당신의 아름다움에 제 심장이 멈춰 버렸어요!
- 요새 내 마음이 온통 바이러스에 걸렸네. 그 바이러스가 바로 너야. 치 료 백신은 없는 것 같아.
- 길 좀 알려 주시겠어요? 어딜 가시는데요? 당신 마음속으로 가는 길이요.
- 나는 심장이 하나밖에 없어 한 사람만 사랑합니다.
- 난 해바라기 남자입니다. 당신만을 바라보고 있습니다.

칭찬 후 꺾기, 칭찬 속의 칼날

나를 칭찬하여 주는 것처럼 말한 후에 깎아내리는 일명 '꺾기 화법'이다. 한 마디로 상대방에게 부정어로 작살총을 쏘는 것이다.

TV를 보다 보면 연예인들이 서로 흠을 들춰내어 꺾기를 많이 한다. 그들은 방송용으로 이미 각본에 따라 사전에 조율하고 봐 달라고 부탁하는 경우이거나 나중에 사과한다. 스타(연예인)들의 실수, 허점, 콤플렉스 등을 드러낼 때 호감도는 오히려 올라간다. 그러나 일반인은 그 반대로 나타나 상처를 받는다.

그렇지만 자존감이 높은 사람들은 자신을 낮추는 자학화술에 능숙하여 오히려 자신을 끌어올린다.

- 참~~ 예쁘네요. 마네킹 같아요. 근데 속은 텅 비었네요.
- 임산부인 줄 알았는데 알고 보니 뱃살이네요.
- 아주 코가 예쁘시네요. 예쁘게 코를 했네요.
- 우와 ~ 여기는 꽃밭이구나. 장미꽃? 라일락꽃? 근데 당신은 어느 쪽? 에이 시든 꽃이네.
- 노래 실력, 가창력 좋습니다. 무엇보다도 가사 암기력에 놀랐습니다.
- 내 인생에 태양이 되어줄래? 와~ 좋았어! 그래서 말인데, 태양과 같이 멀리 있어 주라고!
- 예쁜 여자 칭찬하고서 연결 유머로 꺾기
  아~~ 참 예쁘시군요.
  네. 예쁘게 봐주셔서 감사합니다.
  예쁜 여자는 착한 여자보다 못하고, 착한 여자는 지혜로운 여자보다 못하다 하지요. 지혜로운 행동 좀 하세요.

[식당 주인이 하는 말]

사진작가가 사진여행을 하는 중에 밥을 먹으러 식당에 들어왔다. 그런데 식당주인이 사진을 보여 달라고 졸라서 작가는 자신이 정성스럽게 작업한 사진들을 보여 주었다.

사진을 다 본 후 식당 주인이 하는 말

"사진기가 좋아서 그런지 사진이 참 잘 나왔어요."

사진작가는 기분이 나빴지만, 꾹 참았다.

그리고 식사가 다 끝나자 한마디 했다.

"냄비가 좋아서 그런지 찌개가 참 맛있네요."

사람들은 왜? 남을 깎아내리려 하는 걸까?

그 이유는 자신의 존재감을 높이려는 심리 때문이다. 사람 마음은 '시소'를 타는 것처럼 상대가 올라가면 내가 내려가고, 상대가 내려가면 내가 올라간 것처럼 느끼지만 이는 아주 큰 착각이다. 상대가 올라가든 내려가든 간에 내 위치는 변함이 없다는 사실이다.

남을 칭찬하면 내가 내려가는 것일까?

그렇지 않다. 함께 올라간다.

그러면 남을 깎아내리면 내가 올라갈까?

아니다. 상대는 반격한다.

물론 상대가 올라간 것도 있다. 뭐가? 혈압이…

여자와 같이 있으면 남자는 왜 어벙해질까?

강한 인상 주려다 인지능력 떨어져

여성이 옆에 있으면 남성은 자극에 대한 반응이 무뎌지고 어리벙벙해지는 것으로 나타났다. 이는 네덜란드 라드보우드대학교 사회심리학과 연구팀이 내놓은 연구 결과다.

이런 현상에 대해 남자들이 여자의 관심을 끌기 위해 '인상작전'을 펼치기 때문이라고 해석했다. 좋은 인상을 주려면 상대방의 사소한 반응에 따라 행동이나 말을 수정해야 하므로 쉴 틈 없이 머리를 써야 한다. 이러고 나면 머리가 멍해질 수밖에 없다는 설명이다. 반대로 여성들은 남성과 만날 때 소극적이어도 되기 때문에 인지능력에 큰 변화가 없다고 한다.

– 2015. 1. 29.자 코메디닷컴 중에서

- 착한 여자는 '척'하기 쉽고, 허세 많은 남자는 헛빵이 많다.
- 뻥이 많은 남자는 헛빵이 많다.
- 한 방을 노리는 사람은 헛방으로 끝나는 경우가 많다.
- 예쁜 여자는 조금 지나면 싫증이 나고, 아름다운 여자는 언젠가 싫증이 나지만, 선량한 여자는 결코 싫증이 나지 않는다.
- 남편은 지갑 빵빵, 아내는 가슴 빵빵… 이게 아니라 배가 빵빵. 그래서 우린 빵빵 부부

[친구의 부탁]

친구가 부탁한다.

예쁘고, 착하고, 지혜로운 여자를 소개하여 달라고,

그러자 부탁받은 친구가 하는 말

"야! 그런 여자 있으면 너한테 소개시켜 주겠니?

내가 차지하지!!"

7

헤어질 땐 훈훈한
유머멘트 발사!

· 뜨겁게 사랑하고 차갑게 헤어져라
· 남자는 헤어지면 돌아왔음 좋겠다고 생각하고,
· 여자는 헤어지면 잡아줬음 좋겠다고 생각한다.

만나면 헤어짐이 세상사 진리

회자정리(會者定離). 만나면 헤어짐이 세상사 법칙이요 진리다. 우리는 살아가면서 많은 사람과 만나고 많은 사람과 헤어진다. 사람은 자신과 비슷한 수준의 사람을 만나 사랑하게 된다. 자신보다 낮은 수준이라면 자신이 먼저, 자신보다 높은 수준이라면 상대가 먼저 헤어지자는 말을 할 확률이 높다.

• 가시고자 하는 목적지 (잠시 뜸들이다가) 호텔(모텔)까지 안녕히 가십시오.
• 푹 잘 자라. 꿈은 꾸지 말고. 오늘 밤 네 꿈은 내가 꾸어 줄 테니까.

- 잘 주무세요. 아~~ 그리고 참. 내 꿈은 꼭 꾸어 주셔야 합니다.
- 당신 덕분에 오늘도 행복했습니다. 두 배로 행복할게요.
- 오늘 좋은 말 감사합니다. 우울증 치료제로 쓰겠습니다.
- 부부가 헤어질 때 마지막으로 의견일치가 되는 것은? 협의이혼
- 연인은 불쾌하면 헤어지지만, 부부는 불쾌해도 참고 산다.

[헤어질 때]
사랑하는 사람이 서로 헤어질 때
"잘가~ 내 꿈꿔~"
그럼 개들이 헤어질 때는
"잘가~ 개 꿈꿔" 할까요?
아닙니다. 그냥 멍멍 합니다.

남자가 헤어지자고 할 때는 정말 헤어지고 싶을 때이고, 여자가 헤어지자고 할 때는 정말 헤어지고 싶을 때이거나 나를 더 붙잡아 줬으면 할 때이다.

젠틀맨 Vs 그냥 남자

젠틀맨은 여자와 인연이 다 되어 이별하는데 그냥 잘살라고 하고 그냥 악수만 하고 헤어지는데, 그냥 남자는 끝까지 한 번 더 안아보고 헤어진다.

순진한 남자 Vs 밝히는 남자

순진한 남자는 여자와 인연이 다 되어 이별하는데 그냥 잘 살라고 하고 그냥 악수만 하고 헤어지는데, 밝히는 남자는 끝

까지 한 번 더 안아보고 헤어진다.

- 애인은 빈 지갑을 남기고, 카드값은 연체료를 남긴다.
- 어떻게 가실래요? 썸타고 가야지요. 함께 가실까요?
- 임금들이 서로 헤어질 때 인사는? 바이~킹
- 물고기들이 서로 헤어질 때 인사는? 바이~어

여자가 이해 못 하는 문제

남자들: 헤어지는 여자의 전화번호 지우지 않는다.

여자들: 헤어지는 남자의 전화번호 지워 버린다.

남자들이 헤어진 여자에게 전화하는 이유는 뭘까? 이런 질
문에 여자는 이해하기 어렵다고 한다.

[군대 간 남자의 복수]

군에 입대 후에 한 달쯤 후에 여자 친구에게 편지가 왔다.

"우리 이제 헤어져요.

그러니 내 사진을 전부 돌려줬으면 좋겠어요."

몹시 화도 나고 마음이 아팠지만, 군대에 있는 탓에 어떻게
할 수가 없었다.

그래서 소심한 복수를 생각했다. 부대 동기들 여자 친구 사
진을 모은 뒤 편지와 함께 보냈다.

"그래. 나도 너를 잊었다.

어떤 것이 네 사진인지 기억이 안 난다.

네 것만 빼고, 다른 사진은 돌려주라~!!"

이 대화에서 군대 간 남자는 상대 말에서("돌려줬으면") 답 찾기를("돌려주라~") 하여 응수한 사례이다.

좋은 인상 남기고 헤어진다

마지막에 보고 들은 것이 강하게 인상에 남는 것을 '종말효과'라고 한다(심리학에서는 '최신효과'라고 한다). 헤어질 때의 표정은 상대에게 깊게 새겨질 수 있다. 아쉬움을 표현하면서 한 번 더 정중하게 인사를 전한다면 상대는 호감을 느끼고 다음 만남을 즐겁게 기다릴 것이다.

첫인상과 끝인상에 대한 인식 4단계

A급(+, +)	첫인상도 좋지만, 끝인상도 좋은 경우 "역시 그 사람 참 괜찮아."
B급(+, -)	첫인상은 안 좋았지만, 끝인상이 좋은 경우 "그래도 저 사람 괜찮네."
C급(-, +)	첫인상은 좋지만, 끝인상이 안 좋은 경우 "저 사람 정말 형편없군."
D급(-, -)	첫인상도 안 좋고, 끝인상도 안 좋은 경우 "역시 저 사람 그래"

결국 사람은 첫인상도 중요하지만(초두효과), 끝인상도 중요하다(최신효과). 만남에서 중요한 건 끝마무리에 있다.

Part 4

현장유서
톡톡 써 먹는 꿀맛

1. 가족은 사랑이 흐르는 유전자들

2. 친구는 있어도 진짜 친구는 없다

3. 연애는 마술! 사랑은 예술!

4. 부부는 소리하는 사람들이다

5. 인생은 정답과 오답 찾는 여행

6. 성공은 생각과 습관의 종착역

7. 취미는 숨어있는 나의 재능발굴

유익한 명언들

· 가족들이 서로 맺어져 하나가 되어 있다는 것이 정말 이 세상에서의
  유일한 행복이다.   – 퀴리 부인

· 우리는 남들과 똑같이 되려고 자신의 4분의 3을 잃어버린다.
                                                      – 쇼펜하우어

· 누군가를 당신의 편으로 만들고 싶다면, 먼저 당신이 그의 진정한
  친구임을 확신시켜라.   – 에이브러햄 링컨

· 남자란, 말하며 접근할 때는 봄이지만, 결혼해 버리면 겨울이다.
                                                      – 셰익스피어

· 사랑받고 싶다면 사랑하라, 그리고 사랑스럽게 행동하라.
                                                   – 벤자민 프랭클린

· 가장 과묵한 남편은 가장 사나운 아내를 만든다. 남편이 너무 조용
  하면 아내는 사나워진다.   – 디즈레일리

· 성공의 가장 중요한 원칙은 한걸음 더 나아가는 습관을 기르는 것이
  다.   – 나폴레옹 힐

① 가족은 사랑이 흐르는 유전자들

· 아빠는
  아들에게 첫 번째 영웅이며,
  딸에게는 첫 번째 사랑이다.
· 엄마는
  아들에게 첫 번째 사랑이며,
  딸에게는 첫 번째 친구이다.

가족의 유전자들

Family, 가족 어원은, 'Father And Mother, I Love You', '아버지, 어머니 나는 당신을 사랑합니다.' 뜻이라고 한다.

가족은 보살피는 것이고, 이웃은 어울리는 것이다. 사랑이 흐르는 곳이 가족이고, 정이 흐르는 곳이 고향이고, 그리움이 흐르는 곳이 친구이다. 부모는 유전자의 고향이고, 형제자매는 유전자의 밧줄이다. 가족은 유전자들로 구성된 유일한 사랑의 조직체이다.

행복한 집안의 세 가지 소리

- 방에서 글 읽는 소리
- 주방에서 요리하는 소리
- 거실에서 웃는 소리

윌리엄 새커리는 '가정의 웃음은 가장 아름다운 태양이다.' 라고 했다. 빛과 꽃들이 아무리 곱고 아름다울지라도 내 가족의 웃음꽃만 하랴!

[우리 가족들]

- "피곤해" 일에만 신경을 쓰는 남편
- "밥 줘" 종으로 알고 시키기만 하는 자식
- "됐어요!" 여자 친구만 생각하는 아들
- "알아서 해요" 바쁘다고만 핑계 대는 딸
- "돈 좀 줘" 사고만 치는 백수 막내
- "내 마음 좀 알아줘!" 한숨만 쉬는 아내

게임에 열중인 아들은 엄마에게 "엄마! 물 좀 갖다 줘"

엄마는 화를 내지 않고 살며시 미소를 지으면서 "네가 인터넷에서 다운받아 먹어라. 응~"

씩씩거리며 집에 들어온 딸은 남자 친구에게 무슨 말을 들었는지 신경질을 내며 "엄마 왜 나를 못생기게 낳았어!"

이럴 땐 어떤 말이 좋을까. 받아치는 것보다 유머 한 방 날린다. "그래. 나도 예쁜 딸을 낳을 것을 대비하여 외모 좋은 남자를 고르려고 하던 참에 네 아빠가 채 가버렸지 뭐야"

허구한 날 술만 퍼마시는 남편은 오늘도 늦는다. 남편에게 문자를 보냈다. "오~ 사랑하는 당신! 당신이 도와줄 수 있는 길이 하나 있소. 그것은 집에 들어오지 않는 일이요."

사랑하는 남자와 함께 집을 나간 딸에게 아빠는 문자를 보냈다. "집에 돌아오지 마라. 그러면 모든 잘못을 용서하겠다."

[가족회의]

가계지출이 많아지자 가족들이 모여 가족회의를 했다.

아빠는 "요즘 지출이 너무 많다. 어떻게 해결해 나갈까?" 물었다.

씀씀이를 줄여나가 보자는 등 의견들이 나온다.

가만히 듣고 있던 속없는 막내 한마디 한다.

"아빠 수입이 적어요. 다음 달부터 더 많이 벌어 오세요."

엄마의 연인과 친구

자식에게 성년이 될 때까지 가장 상처를 주는 사람은 누구일까? 정답은 '엄마'이다. 위로를 하여 주는 사람도 '엄마'이다. 상처(Scar)를 별(Star)로 만들어 준 사람. 상처를 딛고 일어나 성공하라는 엄마의 교훈이다.

엄마와 가족들 사이는 어떤 관계일까?

엄마와 딸은 친구처럼 감성적인 단어를 많이 사용하며 대화하는 관계다. 반면에 아버지는 남자의 성공은 사회적 성공과 서열이 된다는 사실을 느껴 왔기에 관계보다는 성공이다. 아들이 자신보다 더 잘되길 바라며 강하게 키우려 하지만 아들에겐 그런 아버지가 불편하고 거리감이 느껴진다. 그래서 부자간 사이는 경쟁 관계다.

- 구시대는 아버지. 아버지는 버림받은 지구인
- 근세대는 아부지. 아부지는 부지런한 지구인
- 현세대는 아빠. 아빠! 바빠! 나빠! 빠져!
- 남편들이어, 오빠 소리에 속지 말고, 아빠 소리에 흔들리지 말고, 여뽕 소리에는 유혹되라.

남녀는 친구가 되기는 어렵고 연인 사이가 되는 것처럼 가족 사이도 그렇게 나타난다.

- 엄마와 딸은 친구 사이
- 엄마와 아들은 연인 사이
- 아빠와 딸도 연인 사이
- 아빠와 아들은 경쟁 사이
- 부부들은 원앙 사이? 원수 사이?
- 시어머니와 며느리는 전처와 후처의 관계?

고부갈등

한 남자를 두고 두 여인의 사랑 전쟁

한 여자가 30년 이상 애지중지로 만들어 놓은 엄마의 성공

작품 트로피 같은 존재의 아들을 다른 한 여자가 사랑의 콩깍지를 씌워 순식간에 데려가 버린다. 남편 대신에 믿고 의지하는 든든한 대상이기도 하였던 아들은 한 여자가 좋다고 따라가 버린다. 엄마는 젊은 여자가 아들을 빼앗아 갔다는 박탈감을 느끼지 않을 수 있을까? 그래서 며느리가 밉게 보인다. 이것을 이해하면 고부갈등의 해결을 찾을 수 있다.

법륜스님의 한 말씀
대부분의 늙은 엄마들은 제 옆에 있는 늙은 남자한테는 신경 안 쓰고, 날마다 젊은 남자에게만 신경을 씁니다. 젊은 남자를 좋아하는 것은 충분히 이해되는데 자기 옆에 있는 늙은 남자한테 먼저 신경을 써야지요. 젊은 남자 옆에는 젊은 여자가 있잖아요. 괜히 남의 남자에게 신경쓰지 마세요.

나의 아들 666

나의 아들 고등학교 2학년 시절 발생한 일이다.
아들은 엄마와 무슨 대화를 했는지 반항의 표시로 책상 앞 벽에 '666'을 크게 써 놓았다. 이를 본 나는 어떻게 아들의 화

를 누그리고 긍정으로 바꿀 수 있을까 생각한다. 곰곰이 생각 끝에 '6'자의 숫자 '0' 안에 환하게 웃는 이모티콘 얼굴 모습을 그려 놓았다. 내가 보아도 웃음이 절로 나온다. 이처럼 나는 질책보다는 긍정으로 변화를 주는 것에 일조했다.

만약 지금 상황이라면 또 다른 생각도 해 봤을 것 같다. '666'을 뒤집으면 '999'가 되는데, '999'는 비둘기 소리가 되고, 비둘기는 평화의 상징이 된다. 현재의 고난이 미래에 평화의 날로 올 거라는 표시인가?

이제 아들은 성년이 되어 대학을 마치고 미국에서 세계적인 대기업에 AI엔지니어로 취직하여 다니고 결혼도 한다.

"아들아! 고맙다! 정말 고맙다!"

[아들의 꿈]

아버지가 아들에게 말했다.

"사람은 큰 꿈을 가져야 한다. 우리 아들은 꿈은 뭐야?"

이에 아들은 "택시 기사가 되겠습니다."

아버지는 다시 물었다.

"사나이는 더 큰 꿈을 가져야 한다."

그러자 마지못해 내뱉는 아들의 대답.

"그럼 버스 기사가 되겠습니다."

아니 기사 말고 기술 분야로…

"그럼 택시 만드는 회사로 가겠습니다."

친구는 있어도
진짜 친구는 없다

◆ 유머러스하게 거절하기

친구 : 급하게 필요하니 50만 원 빌려주라.
　나 : 우리 사이 거북스럽게 부탁하나?
친구 : 미안해. 그런 사정이 생겼어.
　나 : 그럼 나도 부탁 하나 할까?
친구 : 말해봐.
　나 : 조금 전에 50만 원 빌려 달라는 말 취소해 주라.

친구는 거울 신경세포

우리 뇌에는 다른 사람의 행동을 거울처럼 따라 하는 습관이 있다. 내가 만나는 친구(사람)에 의해 나는 물들어간다는 '거울 신경 세포' 이론이다.

인간은 자주 어울리는 사람의 말과 행동에 영향을 받는다. 그래서 꿈이 있다면 꿈이 있는 친구와 어울리고, 심장이 뛰고 싶다면 심장이 뛰는 친구와 어울리라 했다.

꿈이 있는 친구와 어울리면 나도 꿈을 가지고, 재미있는 친구가 옆에 있으면 나도 재미가 있듯이 재미있는 친구가 되고 싶으면 재미있는 사람을 친구로 삼아 자주 어울린다.

뽀대나는 친구를 두면 3개월이 행복하고, 귀여운 친구를 두면 3년이 행복하고, 착한 친구를 두면 30년이 행복하지만 재미있는 친구가 있으면 늘 웃음꽃이 핀다.

[외국에 사는 내 친구들]
- 프랑스에서 가장 유명한 형사. 니들다쇠고랑
- 사우디아라비아 최고 교육자. 모하나도 몰라
- 중국에서 가장 무식한 사람. 통몰라
- 인도에서 최고의 철학자. 알간디 모르간디
- 일본에서 가장 구두쇠. 겐자히 아끼네
- 필리핀에서 최고 백화점 사장. 막사라사라

기성세대들은 대학가서 '미팅'을 즐길 것인가? 공장가서 '미싱'을 돌릴 것인가? 어느 하나를 선택하는 시대였다. 그러나 지금 청년 세대들은 대학 입학은 황홀한 시작이지만 졸업은 졸지에 실업자가 되는 젊은이들이다.

어른들은 청춘의 아픔을 이해하지 못하고 훈계하고 질책하면서 자신의 경험을 젊은 세대에 강요하지만, 오히려 청춘들은 어른들이 어른답지 못하다고 반문을 한다.

어른들: "도대체 요즘 젊은이들은 왜 이래?"

청춘들: "도대체 요즘 어른들은 왜 그래?"

젊은이들이 걱정된다고?

그렇지만 지금까지 아무런 걱정 없이 오히려 더 잘 사는 시대로 이어 왔다는 사실이다. 어른들은 현재의 아름다움을 발견하고 즐기면서 미래를 노래하도록 청춘들에게 희망을 주어야 한다. 젊은이들의 말을 듣지 않고 자신의 옛날이야기만 늘어놓는 사람은 호응받지 못하는 초라한 꼰대 인생이다. 부탁받지 않는 충고는 굳이 하려고 마라. 잔소리로 오해를 받는다.

[대학생 남녀]

이웃집 여자 둘이서 자식들 걱정을 하고 있다.

먼저 한 어머니가 걱정스러운 얼굴로 말한다.

"대학 다니는 아들 녀석이 항상 돈을 부쳐 달라는 편지만 보내니, 도대체 그 돈으로 뭘 하는지 모르겠어요."

그러자 다른 어머니가 더욱 걱정스러운 표정으로 말한다.

"그런 거라면… 저는 걱정도 안 하겠어요~. 대학생인 제 딸년은 한 번도 돈 보내 달라는 소리를 안 하니, 도대체 어디서 돈을 마련하는지 모르겠어요."

나중에 알고 보니 용돈 보내달라는 아들과 용돈 달라고 안 하는 딸은 서로 사귀는 사이였다.

독이 되는 친구는 멀리한다

오랜 친구 사이라 할지라도 서로에게 독이 되는 관계라면 과

감하게 끊어야 한다. 부정적인 생각과 행동은 전염성이 있다. 친구가 던지는 하소연이나 괴로움을 외면하라는 의미가 아니다. 친구가 힘들 때는 옆에서 위로하는 것이 도리이지만, 매사에 불평·불만을 던지는 부정적인 사고를 하는 친구라면 멀리하는 것이 현명하다는 의미다.

[친구에게 한마디 한다.]
좀 빵빵하다고 돈 자랑하고 다니는 친구
연봉 좀 세다고 여기저기 유세 떠는 친구
여자한테 인기 좀 있다고 어깨 힘주는 친구
내 말 똑바로 들어라! 딱 한마디 할게!
나하고 친하게 지내자~~

얼핏 들으면 나를 위해 말해주는 것 같지만, 미묘하게 깎아내리는 뉘앙스, 조언하여 준다면서 충고하는 말, 곰곰이 생각해 보면 기분이 나쁜 말을 하는 친구들이 있다. 이건 좋은 말이 아닌 '투사'이다. 이런 친구는 멀리해야 한다.

만나면 신세 한탄만 늘어놓는 친구, 긍정적인 조언을 해도 부정적으로 받아들이는 친구, 누군가를 험담만 하는 친구, 이런 '인간 알레르기'에 해당하는 친구는 '신경 끄기'를 한다.

[청첩장]
친구는 청첩장을 보냈는데도 결혼식에 오지 않았다.

그래서 왜 못 왔는지 궁금해서 전화를 했다.

그런데 그 친구가 한다는 말이

"미안해 다른 일 땜에 못 갔어! 다음 결혼식에는 꼭 갈게!"

다음 결혼식이란 재혼이란 것인데 제2회 결혼식이 되는가?
"그 친구 재혼했어?" 이러한 말보다 "그 친구 제2회 결혼했어?" 이 말이 더 재미있지 않는가.

[다섯 친구들]

난 어떤 친구가 좋다는 식으로 요구하는 말보다는 나는 어떤 친구가 되고 싶다는 식으로 말한다.

친구들에게 굿프(Good friend)가 되는 5가지

- 베프 (Best friend) 최고의 친구
- 헬프 (Hello friend) 안부 묻고 사는 친구
- 러프 (Love friend) 사랑하는 친구
- 노프 (Normal friend) 그냥 보통 친구
- 스프(Smile friend) 웃음을 찾아 주는 친구

명품으로 치장하면 친구가 많아질까?

어떤 모임에 참석할 때 대부분의 사람은 명품으로 치장하고 나오려는 습관이 있다. 자신이 잘나간다는 것을 보여 주면 사람들이 자신과 친해지고 싶어 할 것으로 생각하는 것이다.

그러나 실험 결과는 정 반대!

재밌는 신분 뽐내기 역설이다.

사람들은 명품을 입는 사람보다 수수하게 차려입는 사람, 플

렉스 시계보다 대중적인 시계를 차는 사람들과 더 친구가 되고 싶어 했다. 우리는 잘 보이기 위해 신분이 높다는 신호를 보내는 옷을 입지만, 그것은 자기중심적인 생각에 불과한 것이다. 누군가에게 긍정적인 인상을 심어주고 싶다면 타인의 관점에서 생각해야 한다. 서로를 이해하는 가장 확실한 방법은 있는 그대로 팩트를 찾는 것이다.

- 씽킹 101, 〈더 나은 삶을 위한 생각하기 연습〉 중에서

[가망이 없단다.]

병원에 입원하여 수술했다.

친구가 묻는다. "어때? 수술 잘 됐지?"

"나~ 가망이 없단다. 가망이…"

"뭐야? 왜?"

"죽을 가망이 없단다."

[나의 친구는 세 종류]

나를 사랑하는 사람, 나를 미워하는 사람,

나에게 무관심한 사람이다.

나를 사랑하는 사람은 나에게 유순함을 가르치고

나를 미워하는 사람은 나에게 조심성을 가르쳐 준다.

나에게 무관심한 사람은 나에게 자립성을 가르쳐 준다.

- JE. 딩거

[친구 교통사고]

친구가 교통사고를 당했다길래 병문안을 가서 물었다.

"아니… 이 친구야~ 어쩌다 이런 사고를 당했나 그래?"

"응… 그게… 운전 중이었는데 갑자기 미니스커트를 입은 늘씬한 아가씨가 나타나지 뭔가~"

"저런!! 한눈팔다 당했구면."

손을 저으며 친구가 말했다.

"그런 게 아니라 조수석에 있던 마누라가 내 눈을 손으로 확 가려 버렸다니깐~~"

[우윳빛 살결의 여자 소개]

군 복무를 마치고 제대하여 복학한 선배가 여자 후배에게 소개팅을 부탁했다.

"선배~ 어떤 타입을 원하세요?"

"우윳빛 살결을 가진 여자라면 정말 좋아~"

다음날, 그 선배 남자는 나름 멋을 부린 채 소개팅 장소에 나타났다.

그런데 막상 소개팅 나온 여자를 보니 우윳빛 살결은 커녕, 가무잡잡한 얼굴이었다.

놀란 남자 선배가 슬며시 여자 후배를 구석으로 끌고 갔다.

"아니~! 우윳빛 살결이라고 했잖아!"

"어머, 선배~. 초코우유는 우유가 아닌가요. 뭐~~."

③

연애는 마술!
사랑은 예술!

· 약점은 도와주고, 부족은 채워주고
· 허물은 덮어주고, 비밀은 지켜주고
· 실수는 감춰주고, 장점은 말해준다.
이것이 연애시절. 하지만 이때만 지켜진다.

사랑하는 여자에게 하는 행동

남자(남편)들이 진짜 사랑하는 여자(아내)에게만 한다는 행동은 뭘까? 바로 유머코드 '장난'이라 한다. 그런데 여자들은 남자(남편)의 장난을 싫어할까? 그 이유는 남자들이 유머코드 장난을 잘 알지 못하여 장난이 희롱으로 되기 때문이다.

유머코드 장난과 희롱을 구분하는 법

- 내 웃김으로 상대가 기분 좋으면 장난, 나쁘면 희롱
- 내가 친 장난으로 인해 내가 쾌감을 얻으면 희롱

162

내가 친 장난으로 인해 상대가 유쾌하게 웃고, 그 웃음 때문에 나도 기분이 좋아야 한다. 상대의 단점을 가지고 장난삼아 유머를 하는 경우라도 상대에게는 희롱이 되는 경우가 많아서 삼가는 것이 좋다.

좋아하는 사람과 사랑하는 사람

사람들이 누구를 사랑한다고 할 때, "사랑하느냐?", "좋아하느냐?" 따져 묻기도 한다.

좋아하는 것(Love)과 사랑하는 것(Like)의 차이는 뭘까?

좋아하는 것에는 그에 상당한 대가를 치러야 하지만, 좋아보이는 것은 대가가 없다. - 김창옥

좋아하는 사람은 눈 크게 뜨고 보고 싶은 사람이지만, 사랑하는 사람은 눈 감아야 볼 수 있는 사람이다. - 김제동

[좋아하는 사람 Vs 사랑하는 사람]

• 좋아하는 건 그 사람으로 인해 내가 행복해졌으면 하고,
  사랑하는 건 나로 인해 그 사람이 행복해졌으면 한다.
• 좋아하는 사람은 내 옆자리에 앉게 하고 싶고,
  사랑하는 사람은 내 자리를 내주고 싶은 것이다.
• 좋아하는 사람에게는 꼭 필요한 것만 해 주고 싶지만,
  사랑하는 사람에게는 무엇이든 다 주고 싶습니다.
• 좋아하면 욕심이 생기고, 사랑하면 배려가 생기고,
  좋아하면 자신을 가꾸고, 사랑하면 상대를 가꾼다.

부모와 자녀의 관계에서는,

좋아하는 것은 자녀를 통해 부모가 행복하려는 것이고,

사랑하는 것은 부모 스스로를 통해 자녀가 행복하면 좋다는 마음이다. 이렇게 방향 자체가 많이 다르다.

좋아할 땐 가슴이 두근두근, 사랑할 땐 가슴이 시큰시큰. 사랑은 물음표도 쉼표도 아닌 느낌표라는 것. 언제나 들어도 콩당콩당, 두근두근, 벌렁벌렁 가슴 뛰는 말 "사랑해"

'사랑해'라는 그 말

열 번의 포옹보다, 백 번의 눈빛보다 천 번의 스킨십보다, 만 번의 입맞춤보다 '사랑한다.' 말을 한 번 하는 것이 더 좋다. 여자는 말로 표현해 주기를 바라지만, 남자는 말 안 해도 잘 알 거라고 생각한다. 남녀의 차이다.

[남편의 변함없는 마음]

부인이 남편에게 말했다.

"여보! 당신은 왜 날 사랑한다고 말해주지 않소?"

그러자 남편이 하는 말

"남자는 남아일언중천금이요. 내가 결혼식 때 사랑한다고 말했잖소. 내 말은 변함이 없소. 만약 내 생각 바뀌면 그때 말해주겠소!"

그러자 아내가 하는 말

"남아일언풍선껌이요. 말은 그때뿐이요. 그러니깐 계속해서 말해주어야 해요"

관심받고 싶다면 빨간색 옷을 입어라

빨간색은 여성들을 매력적으로 보이게 한다.

남자들은 여자가 빨간색 옷을 입고 있으면 매력을 더 느낀다는 '우먼인 레드의 법칙'이 있다.

빨간색 자주 입는 사람들에게 찾아오는 행운 3가지

- 빨간색은 사람을 배고프게 한다.
- 빨간색은 여성을 매력적으로 보이게 만든다.
- 빨간색은 승패에 유리하게 작용한다.

미국 뉴욕 로체스터 대학과 오스트리아 인스브루크 대학 심리학자들의 연구 결과에서 남성들은 여성이 빨간색 셔츠를 입었을 때 가장 이성적인 매력을 느낀다고 답했다. 빨간색 옷을 입은 여자가 남자의 이성적 접근에 가장 긍정적 반응을 보일 것이라고 기대하기 때문이다. – 출처: 사회심리학 저널

첫 데이트에서 호감이 가는 여자의 옷 색상은 빨간, 파랑, 초록 순이라고 한다. 모임 나갈 땐 예쁘게 다려놓은 빨간색 원피스를 입고 나가는 건 어떨까?

빨간 코트에 검정 부츠를 신고 모임에 나갔다.

그랬더니 한다는 말이…

"영의정 사모님 나오셨습니까?"

빨간색의 효과는 심리학에서도 증명되었다고 한다.

빨간색은 여성들을 매력적으로 보이게 만들 뿐 아니라 신체의 에너지를 증가시킨다. 남성 손님은 빨간색 옷을 입은 종업원에게 더 많은 팁을 주는 것으로 나타났고, 옷뿐만 아니라 립스틱, 셔츠, 머리띠, 핀 등의 장신구에서도 같은 효과가 나타났다. - 폴 심프슨, 〈컬러의 방〉 중에서

천생연분은 어떤 관계를 말할까?

핫도그를 좋아하는 여자와 도넛을 좋아하는 남자?

성형외과 의사와 추녀가 결혼하는 것, 사진작가와 모델이 결혼하는 것, 정치인과 재벌 2세가 결혼하는 것.

이런 게 딱 천생연분이 아닐까.

• 손이 차가운 여자와 손이 따뜻한 남자
• 잘 넘어지는 여자와 손 꼭 잡고 걷는 남자
• 키스를 못 하는 여자와 뽀뽀를 잘하는 남자
• 수다 떠는 걸 좋아하는 여자와 잘 웃는 남자
• 기대기를 좋아하는 여자와 어깨를 빌려주는 남자

[돌아온 문자]

남자는 마음에 든 여자를 꼬시려 문자를 보냈다.

남자: "저기 안녕하세요?"

여자: "누구세요?"

남자: "지난번에 아이스크림… 시키셨잖아요."

여자: "아~ 네. 근데 왜여?"

남자: "혹시 남자 친구 있으세요?"

여자: "남자 친구는 없는데 남편이 있네요. 죄송해요. 이혼하
면 연락드릴게여."

첫눈이 오는 날 첫 눈에 반한 첫사랑

첫사랑이란 처음으로 좋아하는 사람이 아니라 처음으로 잊
지 못하는 사람이다. 남자의 첫사랑은 가슴에 묻고, 여자의 첫
사랑은 기억에 묻는다.

첫사랑을 만나고 싶은가?

첫사랑이 잘살면 배 아프고, 못살면 가슴 아프고, 혼자 살면
마음 아프고, 같이 살자고 하면 머리 아프고, 돈 빌려 달라면
골치 아프고, 좌우지간 아프다.

왜 아플까요?

첫사랑은 처음으로 잊지 못하는 사람이기에 끝까지 사랑하
는 '끝사랑'으로 가지 못한 아쉬운 추억으로 기억되기 때문이
다. 그러니 안 만나는 게 좋다.

속설 한 가지가 있다. '첫사랑은 이루어지지 않는다.'라는 말
이다. 실제 주위 사람들의 상황이나 이야기를 들어보면 첫사

랑과 연애해서 결혼까지 골인한 사람은 정말 드물다. 첫사랑
에서 끝사랑으로 이어지는 사람은 얼마나 될까? 나는 이런 사
람, 즉 오직 '한' 사람만 마음(心)에 두는 '한심'이라서 '한심한
사람'이라고 한다.

[두 눈에 반한 여자]
아내가 남편에게 갑자기
옛일을 묻는다.
아내: "당신 나 처음 볼 때
어땠어?"

> 내 여자
> 그냥 보면... 예쁘다.
> 자세히 보면... 더 예쁘다.
> 가까이 보면... 정말 예쁘다.
> 오래오래 보면... 진짜 예쁘다.

남편: "당신 처음 봤을 때 한눈에 반하지 않았어!"
아내: "뭐라고요?"
남편 : "난 두 눈에 반했단 말이야!"

키스는 조물주가 준 특별기획 무료선물

사랑하는 사람에게 마음을 표현하는 중요한 스킨십인데, 어
린 소년은 공짜로 얻고, 젊은이는 훔쳐야 한다. 소녀에게는 믿
음, 유부녀에게는 희망, 할머니에게는 자선이다.

- 이마에 하는 키스는 우정
- 눈에 하는 키스는 희생
- 귀에 하는 키스는 정렬
- 코에 하는 키스는 행운
- 볼에 하는 키스는 반가움

- 입에 하는 키스는 사랑
- 손등에 하는 키스는 존경

키스에 대한 명언들

- 관성의 법칙: 키스했던 사람은 계속하려고 한다.
- 도플러: 키스는 벼락처럼 다가와 안개처럼 사라진다.
- 한국인: 사촌이 키스하면 배가 아프다.
- 다윈: 뽀뽀가 진화하면 키스가 된다.

Kiss 단어의 품사는?

- 수학 선생은 동사, 국어 선생은 명사, 유머 선생은 접속사라고 한다.
- 키스를 하면서 소리를 내면? 감탄사. 키스했다가 얻어터지면? 접촉사고
- 사랑은 미소로 시작되고, 키스로 커가며, 눈물로 맺는다.

남자 술값과 여자 화장품값

술이란 혼자서 마시면 음주이고, 친구와 마시면 기분전환이고, 여럿이 마시면 파티이다. 술병 잡고 술 따르면 병권이고, 물병 잡고 물 따르면 통수권이다. 술 얻어먹은 주제에 술병 들고 술 따르는 사람은 병든 놈이다.

세금, 술값, 옷값, 화장품값 어느 것이 더 아깝다고 생각할까? 남녀 생각은 다르다. 남자는 술값보다 세금이, 여자는 화

장품값보다 술값이 더 아깝다는 생각이다.

[남편이 술 마시는 이유]

남편이 맨날 술 마시고 들어오자 부인이 한 마디 던진다.

부인 : "여보야 술 그만 마셔라. 술값 너무 많이 나가."

남편 : "남의 말 하고 있네. 당신 화장품이나 그만 사."

아내 : "그거야 당신한테 예뻐 보이려고 사는 거지."

남편 : "나도 당신을 예쁘게 보려고 술 마시는 거야."

[부부 싸움]

술값 치르는 만큼 아내가 예쁘다.

난 아내에게 맥주 한 박스 사달라고 이야기했지.

하지만 내 아내는 화장품을 사더군.

난 아내에게 그 화장품을 쓰는 것보단 차라리 내가 맥주를

마시면 당신이 더 예뻐 보일 거라고 이야기했지.

그래서 우리 부부싸움은 시작되었어~

[부부사랑 12345]

• 일. 일생 동안
• 이. 이 몸을 다 바쳐
• 삼. 삼백 년이 지나도
• 사. 사랑하겠습니다.
• 오. 오~~ 이 말은 뻥입니다.(또는 오직 당신만을…)

4

부부는
소리하는 사람들이다

- 남편의 목소리가 왜 큰 줄 아십니까?
  그 이유는 아내에게 조용히 말하면 안 먹히기 때문입니다.
- 아내의 말이 왜 많은 줄 아십니까?
  그 이유는 남편에게 한두 번 말해선 안 듣기 때문입니다.
- 남편이 아내의 잔소리를 가만히 듣고만 있는 이유를 아십
  니까? 그건 큰소리보다 잔소리가 낫기 때문입니다.

부부는 날마다 전쟁(War)

남녀가 함께 만나서 놀기는 쉽지만, 결혼해서 함께 사는 것은 어려운 일이다. 그래서 아내와 남편의 부부 싸움을 '아편전쟁'이라 한다. 부부가 서로의 역할을 분담함으로써 부부 싸움의 소지를 없애는 것이 행복의 지름길이 있다.

- 남편은 당신의 얼굴이고, 아내는 당신의 마음이다.
- 인정하면 오래 살고, 인내하면 헤어진다.
- 인정하면 천국이고, 미워하면 지옥이다.

• 침묵은 금이다? 아니다. 침묵은 금이 간다.

부부 전쟁(war)은 참으로 아름답다.

- 첫 번째 전쟁. 샤War
- 두 번째 전쟁. 어두war
- 세 번째 전쟁. 부끄러War
- 네 번째 전쟁. 무서War
- 다섯 번째 전쟁. 누War
- 여섯 번째 전쟁. 고마War

[부부의 역할 분담]

한 친구가 결혼생활에 만족하고 있는 이유를 물어보니
"사소한 것은 모두 아내가 결정하고 큰일들은 내가 정하지.
그러다 보니 서로 간섭하거나 다툴 일이 없던데"라고 대답
했다.

친구: 그거 좋구먼, 그럼 부인은 어떤 일을 정하는데?

나: 애들은 어떻게 가르치고 어떤 집을 사고. 차는 무엇으로
바꾸고 이런 것들 모두…

친구: 그럼 자네가 정하는 큰일은 뭔가?

나: 응, 누가 대통령이 돼야 하고, 세계평화를 위하여 뭘 해
야 하나. 이런 큰 것들.…

결혼은 해도 후회, 안 해도 후회!

결혼은 부모가 되기 위한 예비고사이다. 남녀가 3주일간 서로를 탐색하고, 3개월간 서로를 사랑하며, 3년간을 사랑하며 싸우고, 30년을 참고 사는 일이다. 그래서 사랑의 수명은 길게 잡아 36개월이다. 주현미 노래 가사처럼 '… 길면 3년~ 짧으면 1년~'

결혼은 해도 후회, 안 해도 후회!

결혼하면 괴롭고 안 하면 외롭고

그럼 결혼하고 후회하는 것이 나을까. 안 하고 후회하는 것이 나을까. 답은 결혼해보고 후회하는 것이 더 낫다.

왜 그럴까? 그 이유는 하고 나서 후회하는 것은 반성이 돼서 앞을 보게 하지만, 안 하고 나서 후회하는 것은 미련이 남아서 뒤를 돌아보게 된다.

한 신부님이 부부 상담하게 되었다.

부부들 서로 장단점을 말해보라고 하니까 아내는 입에서 남편의 단점이 줄줄이 쏜살같이 모두 나온다.

남편의 차례가 되었을 때 남편이 하는 말

"나는 별로 생각나지 않는데…"

이 얼마나 멋진 남편인가?

우리 부부는 이혼할 수가 없다. 그 이유가 뉴코아 예식장에
서 결혼식을 올렸는데 그 회사 상표는 리본이다. 그 리본으로
우리 부부를 묶어 놓았기 때문이다. 신세대들은 네이버 밴드
에서 만나 결혼하라. 그럼 밴드로 묶어줄 것이니까 이혼은 되
지 않을 거다.

신혼에는 '알콩달콩'하며 살고,

중년에는 '편한 친구'처럼 살고,

노년에는 한 발 뒤에서 '귀한 손님'처럼 대하며 살자.

– 오은영

[부부 사이 서로 업어주기]

아내가 애교부리며 남편에게 "자기, 나 업어주면 안 돼?"

하도 성화하기에 남편은 할 수 없이 아내를 업어주었다.

남편 등에 업힌 아내가 말한다.

"나, 생각보다 무겁지?"

그러자 남편이 하는 말.

"그럼~ 무겁지! 머리는 돌이지, 얼굴은 철판이지, 간은 부었

지. 그래서 많~이 무겁지!"

그러다 조금 후 너무 지친 남편이 아내에게 말한다.

"마누라~ 나도 좀 업어줘!"

아내도 할 수 없이 남편을 업어주었다.

남편 하는 말이 "그래도 생각보다 가볍지?"

그러자 아내는 말한다.

"그럼~ 가볍지! 머리 비었지, 주머니 비었지, 허파에 바람들

어갔지, 양심 없지, 싸가지 없지. 그래서 너~무 가볍지!!"

이런 유머는 남녀(부부) 걷기, 등산 등에서 활용하면 딱 좋다.

여기에 서로 맞장구를 쳐주면 아주 좋다.

다시 태어나면 지금 배우자와 결혼하겠습니까?

누구나 한 번쯤 질문을 받는다. 절대 일어날 수 없는 질문

에 대부분 손사래 치며 "절대 안 한다."고 말하면서 상대의 단점을 줄줄이 말한다. 이것이 서로 불씨가 되어 부부싸움이 되기도 한다. 이런 질문을 받을 때는 유머로 재치 있게 받아넘겨 버린다. 어차피 돌아오지 않을 일이니까.

- 이 남자를 나만 독차지할 수 있나요? 다른 여자에게도 기회를 줘야 하지 않을까요?
- 당연하지요. 남자는 다 비슷하지요. 이왕이면 이미 길들여진 남자가 그래도 낫지 않겠어요.
- 당연히 남편과 결혼합니다. 다만 남편이 싫다고 한다면 그저 고마울 뿐입니다.
- 힐러리 대답. "잘 훈련된 개를 버리는 어리석은 주인은 되지 않습니다."

남자는 큰소리, 여자는 잔소리

아내들은 완벽한 남편을 원하지 않는다. 그 이유는 잔소리할 일이 없어지니까. 아내들은 소리하는 예술인이다.

- 연애 때는 애(愛)소리
- 신혼 때는 잔소리
- 중년 때는 큰소리
- 노년 때는 쓴소리
- 남편 죽으면 곡소리

잔소리는 왠지 모르게 기분 나쁜데, 충고는 더 기분 나빠요.

하면 할수록 느는 것이 잔소리이고, 그게 큰소리로 발전된다. 그래서 중년에는 큰소리가 나오는 거다.

- 신혼 때는 남편이 빨리 안 들어온다고 잔소리
- 중년 때는 남편이 빨리 들어온다고 큰소리
- 노년 때는 남편이 따라다닌다고 쓴소리

이래저래 잔소리다. 그러다 보니 남편들은 중년에는 귀가 거부증. 노년에는 귀가 공포증이다.

세상에 가장 두꺼운 책은 아내가 남편에게 말한 걸 모아놓은 책(아내의 잔소리)일 것이고, 반대로 이 세상에 가장 얇은 책은 남편이 아내에게 말한 걸 모아 놓은 책(남편의 과묵)이 될 것이다.

- 부부는 정으로 산다.
  아내는 남편에게 '인정'하는 말을 하고,
  남편은 아내에게 '안정'되는 말을 한다.
- 마누라가 가장 예쁠 때는? 잘잘 때. 이유는 잔소리를 안 하니까.
- 남편들이 일 년 중 가장 좋아하는 달은? 2월.
  이유는 잔소리하는 날이 가장 적어서
- 우리 부부는 IQ나 EQ는 높지 않고 JQ는 아주 높다.
  JQ는 남편은 잔머리 지수, 아내는 잔소리 지수
- 잔소리는 맞는 말인데 듣기 싫은 것이다. 그 이유는 말투가 고음이고 아내가 자신의 기준으로 남편을 명령, 훈계조로 다루기 때문이다.
- 남자들은 직장에서 잔소리를 해 대고, 집에 와서는 잔소리를 듣는다.
- 난 큰소리 치는 남자가 되고 싶다. "설거지는 내가 할께!" 이런 큰소리

인생은 정답과 오답 찾는 여행

◆인생은
   무답 여정중(無答 旅程中)
   십답 거장행(尋答 去長行)
 • 인생이란 답 없는 여정 속에
   정답 찾아 떠나는 긴 여행이다.
         — 청학동 김봉곤 훈장

인생은 한 번뿐인 추억여행

　인생 정답을 알기는 어렵지 않다. 다만 정답을 실천하면서 살기가 어려울 뿐이다. 소설가 이외수의 말이다. 여행은 고생이지만 지나고 보면 추억이다.

　인생의 모든 선택에는 정답과 오답이 공존한다. 지혜로운 사람들은 선택한 다음에 그걸 정답으로 만들어 내는 것이고, 어리석은 사람들은 그걸 선택하고 후회하면서 오답으로 만든다. 그래서 세상은 정답을 실천하는 사람 편에 있다.

　당신은 정답을 찾고 있는가?

인생은 생방송인 것 같다. 생방송 도중에 기쁨도 느끼고 슬픔도 느끼면서 삶의 의미를 깨닫게 되는 것이다.

[의사의 진단]

몸에 조금만 이상이 있어도 검진해 보는 '건강염려병'에 걸린 사람이 의사에게 찾아왔다.

"선생님! 이상은 없는 것 같은데… 백 살은 살겠지요?"

"아~ 그래요, 술을 좀 하시나요?"

"한 모금도 못 합니다"

"담배는 피우십니까?"

"일체 않습니다."

"그러면 봉사활동이나 취미 등은 있으신가요?"

"그런 것도 없습니다."

"그럼 혹시 여자는 좋아하시나요?"

"전혀요"

"참 인생 재미없게 사시는 것 같습니다."

"저도 그런 생각이 듭니다."

"그렇게 재미없는 인생 사는데 백 년이나 살 이유 있어요?"

인생의 법칙들

성공은 절대로 초대장을 먼저 보내지 않는다. 나 자신이 버릇을 바꾸어서 성공을 초대해야 한다.

성공하고 싶다면 먼저 3가지 버릇을 가져라.

① 맘 버릇. 부정적인 생각 버리고, 긍정적인 생각을 하라.

② 말 버릇. 비난과 불평 삼가고 칭찬과 감사를 만들어라.

③ 몸 버릇. 찌푸린 얼굴보다는 활짝 웃는 사람이 돼라.

• 카르마의 법칙

인생의 결과는 뿌리는 대로 거두게 되어 있다. 인생이라는
게임은 부메랑과 같아서 내 생각과 행동, 말은 놀라울 정도로
정확하게 다시 돌아온다. 이것이 바로 산스크리트어로 '되돌아
오다'라는 뜻을 지닌 '카르마의 법칙'이다.

[인생 입출력 법칙]

• SISO법칙. Success In Success Out   성공을 입력하면 성공이 출력된다.

• FIFO법칙. Failure In Failure Out   실패를 입력하면 실패가 출력된다.

• TITO법칙. Thank In Thank Out   감사를 입력하면 감사가 출력된다.

• HIHO법칙. Happy In Happy Out   행복을 입력하면 행복이 출력된다.

• PIPO법칙. Pleasure In Pleasure Out   기쁨을 입력하면 기쁨이 출력된다.

• 캐롤 법칙(자기 예언)

세상을 자신이 어떤 시각으로 바라보느냐에 따라 자기 인생
이 달라진다는 것으로, 말하는 습관대로 이루어진다는 것이
다. 긍정은 긍정을, 부정은 부정을 끌어들인다. 세상을 부정
적으로 평가하면 불행한 삶으로, 긍정적으로 평가하면 행복한

삶으로 산다. 자신이 바라보는 시각대로 인생이 펼쳐지는 것은 우연이 아니라 필연이다.

사람은 자신이 보고 싶은 것만 보고, 듣고 싶은 것만 듣게 되므로, 보고 듣는 대로 인생을 창조하고 있다는 것이다.

- 세상을 보는 데는 두 가지 방법이 있다. 하나는 기적은 없다고 생각하며 사는 것이고, 다른 하나는 모든 것이 기적이라고 생각하며 사는 것이다. – 아인슈타인
- 운명의 주인은 바로 '나'인 것이다. 부정의 생각, 마이너스 생각을 바꾸어 긍정의 생각, 플러스 생각을 가지라. 그러면 긍정의 결과로 플러스가 나타난다. – 나폴레온 힐
- 나쁜 일에 정성을 들이면 나쁜 결과가 나타나고, 좋은 일에 정성을 들이면 좋은 결과가 나타난다. 돌을 부수면 돌가루만 남는다.

- **코이의 법칙**

어떤 크기의 꿈을 꾸느냐에 따라 인생도 달라진다. 관상어 중에 '코이'라는 잉어가 있는데, 작은 어항에 넣어두면 5~8cm밖에 자라지 않지만, 커다란 수족관이나 연못에 넣어두면 15~25cm까지 자라고, 강물에 방류하면 90~120cm까지 자란다. 같은 물고기인데도 어항에선 피라미, 강물에선 대어가 되는 신기한 물고기다. 이에 빗대어 사람도 만나는 사람과 환경 및 생각의 크기에 따라 자신이 능력과 꿈의 크기가 달라진다는 것으로 이를 '코이의 법칙'이라 한다.

꿈꾸는 사람, 성공한 사람들, 부자들과 어울리며 긍정적 삶과 꿈으로 살아야 한다. 환경과 생각의 크기에 따라 엄청난 결과의 차이를 만들 수 있다는 코이의 법칙에 따라 당신의 생각과 크기가 당신의 인생이 된다.

• 사람들 90대 10의 방식

"90명의 사람은 10명 안에 들기를 바라면서 행동은 90명이 하는 방식이 아니면 안 된다고 말한다."라는 것이다. 즉 사람들은 상위 10% 안에 들기를 원하면서 행동은 일반사람과 똑같이 한다는 것이다. 말 자체 앞뒤가 맞지 않는다. 10% 안의 특별하거나 우수한 사람이 되고자 한다면 그 행동도 남과 다른 특별하거나 차별화가 있어야 한다. 그러지 않고 10% 안에 들겠는가.

나는 2012. 1. 27. 최규상 유머코치의 유머클럽에서 펀리더십센터 김홍걸 소장에게 이 강연을 들었다. 지금까지 내 가슴속에 깊숙이 자리 잡으며 나를 변화시키고 있다.

• 끌어당김의 법칙

'비슷한 것끼리 끌어당긴다는 뜻으로, 생각하는 대로 인생이 된다는 것이다. 모든 일은 당신의 생각이 당신의 세상으로 만들어 살아가기 때문에, 부정을 생각하면 부정으로, 긍정을 생각하면 긍정으로 자신이 생각하는 대로 끌어당겨 그 인생으로 만들어 간다는 것이다.

• 스티븐 코비의 인생을 바꾸는 90대 10의 원칙

인생의 10%는 당신에게 일어나는 사건들로 결정되고, 나머지 90%는 당신이 어떻게 반응하느냐에 따라 결정된다.

이것은 무엇을 의미할까? 즉 자동차가 고장 나는 것, 비행기가 연착하는 것, 운전 중에 다른 운전자가 느닷없이 끼어드는 것 등은 나의 행동과 관계없이 어찌할 수 없는 10%에 해당된다(인생에서 일어나는 일들 중 10%은 내가 통제하지 못하는 일들).

비행기가 연착하여 일정을 망치게 돼서 스트레스받으며 승무원에게 화내고 신경질을 부린다 해도 그 승무원도 어떻게 해결할 수 없다. 내가 어찌할 수 없는 10%에 해당하는 일에 화에 시달리며 시간을 보내며 그 일마저 망치지 말라는 것이다. 그 시간에 일정 조율 등의 해결 방법을 찾는 것이 더 현명하다는 것이다.

내가 통제할 수 없는 상황에서 문제점 지적만 따질 것인가 아니면 문제점 해결에 중점을 둘 것인가 당신의 선택이다.

나는 이러한 많은 인생 법칙을 알게 되면서 인생의 삶은 메아리와 같이 부메랑으로 돌아온다는 것을 알게 되었다. 인간은 자기의 생각과 말의 지배에 따라 자기 인생이 결정된다. 결국 긍정의 생각과 말을 습관화되면 그런 성공 인생으로 간다는 것이다.

[남자의 기도]

한 남자가 하느님께 3가지를 달라고 기도를 하였다.

첫 번째는, 저에게 똑똑한 머리를 달라는 기도를 했다. 이에 하느님은 들어준다고 했다.

두 번째는, 저에게 돈도 많았으면 한다고 기도를 했다. 이에 하느님은 들어준다고 했다.

세 번째는, 남자니까 여자도 있었으면 한다고 기도를 했다. 이에 하느님은 그렇게 해준다고 했다.

하느님은 내일부터 그렇게 될 것이라면서 집에서 기다리고 있으라 했다. 남자는 황홀한 인생이 될 것에 신이 났다.

다음날 세 가지 기도를 충족한 '머리, 돈, 여자'가 왔다.

"머리 돈 여자"

[여자의 소원]

한 여자는 돈도 갖고 싶었고, 남자도 사귀고 싶고. 결혼도 하고 싶었다.

하느님께 소원이 이루어지도록 기도를 하였다. 수없이 기도하자 그 소원이 이루어졌다. 돈! 남자! 결혼!

그 여자는 '돈 남자와 결혼'하게 되었다.

• 남자들의 욕심은 딱 두 가지. 돈과 여자이다. 이런 꿈을 꾸다간 돈 여자와 결혼한다.
• 남자의 욕망은 출세(권력), 여자, 돈 세 가지이지만, 여자의 욕망은 출세

해서 돈 많은 남자 하나면 된다.

• 여자는 돈 많은 남자 만나려다 '돈 남자' 만나고,
  남자는 돈 많은 여자 꼬시려다 '돈 여자' 꼬시게 된다.

인생백년, 걱정천년

인생불만백(人生不滿百) 상회천세우(常懷千歲憂) 사람이 백 년을 살지도 못하면서, 천 년어치의 걱정을 하고 산다는 것이다.

인간은 너무 필요 없는 걱정까지 하는 일면이 있는가 하면 당장 눈앞에 닥쳐오는 걱정도 모르고 동분서주하는 일면도 있다.

우리말에 '하루에 오만(50,000)가지 생각이 다 난다'라는 말이 있다. 실제로 어떤 일이 닥치면 오만가지 생각을 한다고 한다. 그런데 이 많은 생각 중에서 85% 정도가 부정적인 생각이고 15% 정도가 긍정적인 생각이란다.

• 40%는 절대 일어나지 않는 일
• 30%는 과거에 이미 지나버린 일
• 22%는 안 해도 될 사소한 것들
• 4%는 날씨와 같이 바꿀 수 없는 것들

결국 4%만이 걱정해서 해결될 일들이고, 96%는 걱정해서 해결될 일들이 아니어서 쓸데없는 걱정이란다. 한 조사에 의하면 인구의 38%가 '만성 걱정꾼'이라고 한다.

- 걱정 × 걱정 = 또 걱정. 걱정은 붙들어 매 놓을 것이 아니라 걱정은 날려야 한다.
- 걱정해서 걱정이 없어지면 걱정이 없겠네. - 티베트 속담
- 걱정 없는 인생을 바라지 말고, 걱정에 물들지 않는 연습을 해라.
- 가장 걱정스러운 것은 걱정하는 습관이다.
- 무소거우(無所去憂) '생긴 대로 두면 걱정이 없다'라는 뜻이다.
- 걱정과 근심은 나를 파괴한다. - 데일 카네기

대리걱정사 자격증 나올까?

요즘 걱정하는 사람이 많다. 이를 해결해 주는 대리걱정사 자격증도 나올 것 같다. 이 회사의 광고 멘트는 "걱정이 많으신 분들. 우리 회사를 이용하여 주시면 대신 걱정하여 드립니다. 우리 회사의 상호는 주식회사 워리워리(worry)입니다."

해결할 수 없는 것은 걱정하지 말자. 걱정해도 해결되지 않으니까. 걱정하기 싫으면 대리걱정사를 고용하여 두던가.

[대리걱정사 채용]

걱정이 많던 삼돌이가 기분 좋게 웃고 있다.

맹구. "삼돌아~ 왜 그리 기분 좋니?"

삼돌이. "내 걱정을 대신해줄 사람 채용했어. 이젠 걱정할 일이 없게 되었어"

맹구. "그럼 매달 월급은 어떻게 줄려고?"

삼돌이. "몰라 그 사람이 걱정할 문제이니까."

6

성공은 생각과 습관의 종착역

◆마하트마 간디의 명언
· 네 믿음은 네 생각이 된다.
· 네 생각은 네 말이 된다.
· 네 말은 네 행동이 된다.
· 네 행동은 네 습관이 된다.
· 네 습관은 네 가치가 된다.
· 네 가치는 네 운명이 된다.

성공 인생의 포인트는 '도전'

인생은 과감한 도전이거나 아니면 아무것도 아니다.

변화도 도전이고, 도전에는 용기가 필요하다. 그리고 자기 확신이 필요하다. 도전하는 사람이 성공하는 이유는 성공할 때까지 도전하기 때문이다.

운명을 두려워하는 사람은 운명에 먹히고, 운명을 도전하는 사람은 운명이 길을 만들어 간다. 누군가는 무한도전을 하여 성공하지만, 누군가는 무한도전을 무모한 도전이라면서 포기한다.

- 실수는 깨달음을 낳고, 실패는 성공을 낳으며, 쪽박은 대박을 낳는다.
- 실패는 용서할 수 있어도 포기는 용서할 수 없다.
- 고난을 이겨내면 성공하고, 고난에 무릎 꿇으면 실패한다.
- 꿈은 실패했을 때 끝나는 것이 아니라 포기했을 때 끝나는 것이다. − 리처드 닉슨
- 무언가 해보려고 노력하다가 실패하는 사람이 아무것도 하지 않고 성공하는 사람보다 훨씬 훌륭하다. − 로이드 존스

재미있는 이야기는 억만장자가 실패하면 백만장자가 된다고 한다. 왜 그럴까? 원래 억만장자였는데 사업에 좀 실패해서 백만장자로 되었다는 거다.

나의 인생 도전기

누구나 운명을 바꿔놓은 인생 터닝포인트 하나는 있다. 희망을 포기하지 않기에 터닝포인트 기회가 온다. 그 기회는 '도전'이라고 말한다.

나는 가난한 농부의 아들 4형제의 막내로 태어났다. 청춘시절 산업사회 시대를 겪었다. 인생은 나에게 남보다 부족한 환경을, 부족한 실력을, 부족한 시간을 주었지만, 똑같은 가능성도 주었다. 나는 내 가능성을 믿고 도전하며 살아왔다.

첫 번째 도전은 법무사 시험 합격이다. 전국에서 최초로 법

무사 제1회 시험이 1992년 열린다는 소식을 접한다. 인생을 바꿔놓은 터닝포인트 기회로 잡는다. 열공을 넘어 빡공을 해도 합격하기 어려운 시험에 도전하면서 아내에게 "사모님 만들어 줄께!" 약속한다. 직장 다니면서 22개월의 주경야독 끝에 138대 1의 경쟁률을 뚫고 합격하여 32세 최연소 법무사 등록이라는 영광을 얻고 아내를 사모님으로 만들어 주었다.

두 번째 도전은 컴퓨터 고급수준이 되었다. 1993년 당시 컴퓨터는 사무실 제1호 보물이었다. 컴퓨터에 대한 호기심으로 밤낮 독학으로 수없는 실수를 통하여 데이터베이스 분야에 프로그래머가 되었으며, 그 실력을 바탕으로 전국 법무사에 무료 프로그램을 보급하고 있다.

세 번째 도전은 전문서적 출간이다. 당시는 퍼스널 브랜드 시대였기 때문에 법무사 직업에서 나만의 특별하고 차별화된 재건축, 재개발 분야에 전문가가 되기 위해 수없는 연구를 하고 40대 나이에 전문서적 6권을 출간하였으며, 외부 강사로 수많은 강의도 다녔다.

나의 출간책 6권

네 번째 도전은 음악과 함께하는 취미생활이다. 음악과 춤에 거리가 먼 40대 중반에 대학원 동문들과 함께 댄스스포츠를 다년간 즐기다가, 대중에게 봉사할 수 있는 난타를 배우게 되어 지금에 이르고 있고 봉사 공연도 다니고 있다.

다섯 번째 도전은 이번의 유머화술 책출간이다. 법무사라는 직업과 동떨어진 유머에 도전하였고 그 경험의 책을 출간한다는 것은 무한도전이 있었기에 가능한 것이다. 이번 출간으로 내 생애의 7번째 출간이 되지만 제일 어려운 일이었다.

[출간과 출산]
출간은 애 낳은 고통보다 더 고독한 작업이다.
어떤 시인이 문장 하나를 가지고 밤늦게까지 끙끙대며 고민하자, 그의 아내가 위로하며 말했다.
"작품을 만드는 게 산고와 같다더니, 당신 애쓰는 걸 보니 꼭 내가 애 낳을 때와 같다는 생각이 드네요."
그러자 남편이 정색하며 말했다.
"그래도 출산은 애 낳기 전에 재미라도 보잖아!"

셀리의 법칙 Vs 머피의 법칙
부족한 돈이나 보잘것없는 학력 등은 탓하지 말라. 성공을 위해 가장 중요한 것은 바로 도전이다. 잘될 가능성을 믿고 도전하면 항상 잘 된다는 '셀리의 법칙'이 있듯이 긍정의 도전이 인생의 터닝포인트로 작용한다. 긍정적인 사람은 샐리의 법칙이 자주 나타나고 부정적인 사람은 머피의 법칙이 자주 나타난다.

- 우연히 이어지는 행운을 샐리의 법칙
- 우연히 이어지는 불행을 머피의 법칙
- 샐리 씨를 사랑하고 머피 씨와 이별하자.

샐리의 법칙

잘될 가능성이 있는 것은 항상 잘 된다는 것으로 긍정적으로 말하는 습관에서 나타난다. 평상시 마음속으로 끊임없이 바랐던 일이 시간이 지나서 이루어지는 것을 가리키는 줄리의 법칙 (Jully's law)과 비슷하다.

- 맑은 날 우연히 우산을 들고 나왔는데 비가 온다.
- 시험 직전에 펼쳐본 내용이 시험 문제에 나온다.

머피의 법칙

잘못될 가능성이 있는 것은 반드시 잘못된다는 것으로 부정적으로 말하는 습관에서 나타난다.

- 라디오 법칙. 라디오를 틀면 좋아하는 노래가 마지막 부분에 흐르고 있다.
- 메모의 법칙. 메모하려면 펜이 없고, 펜이 있으면 메모지가 없다.
- 바코드 법칙. 빨리 계산하고 나가야 하는데 바코드가 잘 찍히지 않는다.
- 아이디어 법칙: 좋은 아이디어는 꼭 샤워할 때나 화장실에서 떠오른다. 나와서 메모하려면 생각이 나지 않는다.

어머니가 좋아? 머니가 좋아?

어머니가 호주머니에 꾹 질러준다. 꺼내 보니 "어~ 머니?"
세상에서 가장 아름다운 단어가 '어머니'이다.

영국문화협회가 세계 102개 비영어권 국가 4만 명을 대상
으로 '가장 아름다운 영어 단어'를 묻는 설문조사에서 1위가
'Mother(어머니)'였다. 2위는 Passion(열정), 3위는 Smile(미소), 4
위는 Love(사랑), 5위는 Eternity(영원)이었다. 'Father(아버지)'가
순위 안에 들었으면 좋았겠는데 10위권 밖이다.

[돈 시리즈]

• 도둑이 좋아하는 돈. 슬그머니
• 며느리가 싫어하는 돈. 시어머니
• 축구선수가 좋아하는 돈. 세레머니
• 정치인이 좋아하는 돈은? 뒷주머니
• 물건을 사고도 받은 돈은? 거스름돈
• 한국 돈은 원화, 일본 돈은 엔화, 미국 돈은 달러. 그렇다면 호주 돈 표
  시는? 호주머니
• 돈을 '머니'라고 하는 이유는? '슬그머니' 챙기어 '호주머니'에 넣었다가
  탈나면 '에구머니' 하고 후회하기 때문
• 세계에서 아주 돈이 많은 여자가 있다는데 그 사람은 누구일까? 아주
  머니(돈이 아주 많다는 것)

[떼돈, 목돈]

조경업에 종사하는 두 친구. 한 친구는 잔디 떼를 팔았고 다

른 친구는 나무를 팔았다.

나무 파는 친구가 잔디 떼를 파는 친구에게 말했다.

"자네는 잔디 떼를 파니까 떼돈 벌고 있겠구먼."

그러자 잔디 떼를 파는 친구가 웃으면서 대답했다.

"하하 친구는 나무를 파니까 목돈 벌겠구먼."

긍정적인 생각은 전진기어이고, 부정적인 생각은 후진기어이다. 부자는 돈 안 쓰고, 빈자는 돈 쓰고, 배운 놈은 무식하고, 아는 놈은 사기치고, 세상을 부정적으로 생각하고 분노하는가? 부자들은 풍진 세상이라고 하지만 빈자는 모진 세상이라 생각한다. 부자는 보통 사람보다 더 많이 절약한다. 특히 세금을 가장 절약한다. 탈세인지 절세인지 모르지만…

성공하면 벤츠를 타지만, 실패하면 벤치에 앉는다. 주식에 실패하면 무주식 상팔자가 된다. 그래도 투자해서 불어난 것은 딱 두 가지. 내 뱃살과 마누라 몸매다.

[부자와 빈자의 차이]
- 부자는 벤츠에서 놀고, 빈자는 벤치에서 논다.
- 부자는 버는 맛에 살고, 빈자는 쓰는 맛에 산다.
- 부자는 모으기 위해 벌고, 빈자는 쓰기 위해 번다.
- 부자는 회원권으로 살고, 빈자는 할인권으로 산다.
- 부자는 개소주를 마시고, 빈자는 깡소주를 마신다.
- 부자는 돈 자랑으로 살고, 빈자는 빚 자랑으로 산다.
- 부자는 세금절약에 힘쓰고, 빈자는 용돈절약에 힘쓴다.

가난은 '생활습관의 질병'이라는 말이 있다.

몸의 질병들이 대부분 잘못된 생활 습관에서 비롯되듯이, 가난도 상당부분 잘못된 생활 습관의 결과이기 때문이다.

우리 뇌는 '거울 신경 세포'가 있다.

주변 사람들의 행동을 따라 하게 되는데, 세상을 부정적으로 바라보며 자신의 처지를 냉소하고 노력하지 않고 무기력한 모습은 그대로 우리 자신에게 전파될 가능성이 크다. 반면에 성공한 사람들 중 93%는 자신들의 막대한 부가 멘토 덕분이라고 밝혔다. 이들은 멘토로부터 좋은 습관을 배웠다고 말한다. 자수성가한 부자들의 58%는 다른 성공한 사람들의 전기를 읽는다고 응답했다.

성공과 실패의 배후에는 습관이 있다는 사실이다.

가난한 사람 중 96%가 부정적이고 해로운 사람들과 어울려 지냈다. 성공을 추구하고 낙관적이며 목표 지향적이고 긍정적인 사람들과 어울릴수록 당신의 성공에 도움이 될 것이라고 조언한다. – 토마스 C. 콜리 〈습관이 답이다〉 중에서

[푸어들의 악순환]

• 결혼하느라 빚지는 허니문푸어

• 집 사느라 빚지는 하우스푸어

• 애들 가르치느라 빚지는 에듀푸어

빚의 사슬에 얽매어 가는 푸어들의 악순환 인생

빚내며 사는 인생이 빛나며 사는 인생으로 바뀌길 바란다.

7

취미는 숨어있는
나의 재능발굴

• 술은 배우지 않아도 즐길 수 있지만,
  취미는 배우지 않고는 즐길 수 없다.
• 좋은 취미를 가지면 삶이 즐겁지만,
  나쁜 취미를 가지면 삶이 불행하다.

좋아하는 것은 취미, 즐기는 것은 작업

좋아하는 것은 '취미'로 삼고, 즐기는 것은 '직업'으로 선택해야 한다. 즐기는 것을 취미로 삼으면 삶이 배고프다.

취미를 갖고 즐기기 위해 견뎌야 하는 것은 기나긴 연습시간과 혹독한 훈련이다. 취미생활은 시간이 남아서 여유가 있어서 배우는 것이 아니라 시간을 내서 배우는 것이다. 인생의 배낭 속에는 즐기는 취미 하나는 꼭 들어 있어야 한다.

"어떤 취미를 가지고 계세요?" 유머러스하게 대답한다.

- 저의 취미는 독서, 집안일, 애들 봐주기 등인데, 제 특기가 이러한 취미를 안 하는 것입니다.
- 저의 취미는 수영, 승마, 격투기, 마라톤… 이런 거… 해 보고 싶었는데요. 난타가 취미입니다.
- 저의 취미는 난타, 댄스스포츠입니다. 요즘 방송에 참 많이 나오는데… 제가 안 나옵니다.
- 저의 취미는 사진 찍기입니다. 멋지고 예쁜 여러분을 팍팍 찍어 드립니다만 결과에 대해서는 책임지지 않습니다.
- 저는 동양화 그림 감상입니다. 우산을 든 남자, 달밤, 고도리 등이 그려진 48장의 그림을 좋아합니다.

[직장 상사 취미]

소문난 달달부장이 기자와 인터뷰하는데

"부장님 취미가 뭐예요?"

"요리가 취미입니다."

"무슨 요리를 하세요?"

"볶는 요리요. 매일 직원들을 달달 볶아요"

GOLF 맛은?

G는 green 잔디 위에서

O는 ok 쏙 들어갈 때

L은 like 좋아하는 기분

F는 friend 친구와 함께하니까

그래서 골프는 친구와 함께 푸른 잔디밭에서 재미있게 즐기는 것이다.

[골프에서 사용하는 재미있는 말]
- 골프 용어에서 유일하게 한국말은? 뒤땅
- 오비이락 : 오비가 나면 두 명이 즐겁다. 오비가 나면 2점이 떨어진다.
- OB : 상대방이 OB를 내면 'Oh Beautiful'이 되고,
  내가 OB를 내면 'Oh Bad'가 된다.
- 혹시 싱글? 이세요? 저는 벙글 입니다. ㅎㅎㅎ

[골프하는 자식들]

하루는 골프를 치러 갔다. 그런데 앞팀 세 사람이 너무 진지하게 공을 치는 것이다. 세 명이 공을 치는데도 기다리기 일쑤였다. 앞팀이 무지하게 큰 내기를 하나보다 생각을 했다. 마침, 그늘 집에서 앞팀 캐디에게 물었다.

"도대체 얼마짜리 내기를 하는데 속도가 느려요?"

그때 캐디가 하는 말.

"진 놈이 아버지 모시기로 했대요."

등산 간 DAY

바다는 누군가에게는 사랑을 확인하는 장소가 되지만, 반대

로 이별의 장소가 되기도 한다. 그러나 산은 사랑하는 사람이 오르는 곳이고 이별을 하고 오르는 일은 없다. 영원한 사랑을 간직하기 위해선 산을 오르기를 바란다. - 김제동

요즘에 산에 가면 호랑이가 없다. 그 이유는 옛날 호랑이 담배 피던 시절 호랑이들이 담배를 너무 오랫동안 피워 폐암에 걸려 죽어 버렸기 때문이다. 토끼도 없다. 그 이유는 토끼가 다 토껴버렸으니까.

세대별 등산길

청년은 올라가는 산행길

중년은 정상 능선을 걷는 산행길

노년은 내려가는 산행길

산행길도 인생길과 같이 나름의 즐거움이 있다.

- 재미있는 산 이름

  충남 당진에 있는 불알산, 충남 금산에 있는 자지산, 전남 여수에 있는 유두산
- 건망증이 많은 사람이 다니는 산은? 아차산
- 내장산을 오를 때는 내장을 비우고 올라가고, 하산해서 내장을 채우라는 전설
- 우리나라 사람들이 가장 좋아하는 산은 설악산, 지리산, 한라산이라고 하지만 제가 더 좋아하는 산은 부동산이다.
- 나이가 들면 부동산보다 더 많이 찾는 산이 바로 '걱정이 태산'이라 한다. 오늘도 '걱정이 태산'인가요?

  아니면 밥을 많이 먹어 '배가 남산'인가요?

[송사리 소풍]

계곡에서 송사리 5마리가 떼를 지어 계곡을 타고 소풍을 갔다. 한참을 가다가 우두머리 송사리가 인원 파악을 해보았는데 6마리였다. 꼬마 송사리가 끼어 든 것이다.

우두머리 송사리가 끼어 들어온 꼬마 송사리에게 물었다.

"넌 뭐야?"

그러자 꼬마 송사리 하는 말이

"전 꼽사리인데요."

이처럼 재미와 반전의 한마디 펀치라인이 바로 유머이다.

[착각퀴즈]

북한에서 제일 높은 산은 백두산이고, 남한에서 제일 높은 산은 한라산이며, 서울 한복판에서 제일 높은 산은 남산이다. 그렇다면 세 개(세계x)에서 가장 높은 산은?

이런 퀴즈를 내면 사람들은 순간 착각으로 세계에서 가장 높은 산으로 알아듣고, 에베레스트 산이라 답한다. 답은 틀렸다. 사람들은 '세개'를 '세계'로 착각한 것이다. 정답은 백두산이다. 이런 퀴즈를 내면 사람을 속인다고 짜증내는 사람이 있다. 이럴 때 바로 "미안하다. 그러면 네가 퀴즈를 내서 나를 웃겨주면 안 될까?"하고 반문한다. 상대는 머쓱해질 것이다.

나는 2016.11.3. 동문들 단체로 가는 운악산 산행에서 가는 버스 속에서 한 유머를 소개한다.

[한심한 사람, 열심인 사람]
"여러분! '한심한 사람'으로 살고 계시는가요?
딱 아내 한 사람만을 마음에 두면 한심이 되죠. 우린 이런 사람을 '한심한 사람'이라고 하죠. 그럼 두 사람을 마음에 두면 양심이 되어 '양심 있는 사람'이 됩니다.
세 사람을 마음에 두면 '세심한 사람'이 되고요.
네 사람을 마음에 두면 '사심있는 사람'이 됩니다.
다섯 사람을 마음에 두면 '심오한 사람'이 되지요.
그럼 열이면 열 다 마음에 두고 살면 어떤 사람이 될까요?
'열심인 사람'이 됩니다.
우리 모두 '열심'으로 살아가면 좋겠습니다.
그래서 여러분 다 사랑합니다."

산행을 마치고 점심 식사는 닭백숙이다. 나는 오는 길 버스 속에서 닭 시리즈 유머를 해주었다. 만약에 점심 식사가 오리고기 종류였다면 오리 시리즈 유머를 해 주었을 것이다.

[닭 시리즈]
"산행 후 몸 피로회복 하라고 닭백숙을 먹었는데 그 닭은 어떤 닭일까요?

토종닭일까요? 아니면 도망 잘 다니는 후다닭일까요?

털 뽑고서 폼 잡는 닭은? 홀닭

술 먹고 비틀거리는 닭은? 헷가닭

제일 야한 닭은? 발닭. 죽은 닭은? 꼴까닭

망한 닭은? 쫄닭. 어떤 닭일까요?

아마도 오늘 산행에 고생한 우리를 토닥토닥해주는 토닭일 것입니다. 자신에게 토닥토닥 많이 해 주시고, 밤에는 통닭 통닭 많이 시켜 먹길 바랍니다."

봉사는 시간 나는 대로 하는 것

'박사'보다 더 높은 학위는 '밥사'라고 하고, '밥사'보다 더 높은 것은 '감사'라고 하고, '감사'보다 더 높은 것은 '봉사'라고 한다. 어려운 이웃에게 재능과 재물 등의 기부로 나눔을 베풀어 사회를 따뜻하게 만들어 가는 분들이 있기에 이 세상의 행복한 삶을 맛볼 수 있는 것 같다.

- 인류 3대 성자는? 공자, 맹자, 순자
- 인생 3대 현자는? 보자, 놀자, 하자
- 인간 3대 행복은? 밥사, 감사, 봉사
- 선한 봉사의 씨앗을 뿌려라. 감사의 기억들이 이 씨앗을 자라게 할 것이다. – 마담 드 스탈
- 봉사 생활 오래 하다 말년에 빛을 본 사람은 누구일까? 심봉사

봉사에는 손봉사, 입봉사, 돈봉사

좋은 말, 좋은 마음을 베푸는 것도 봉사이다.

봉사는 시간 나서 하는 것이 아니라, 그렇다고 시간을 내서 하는 것도 아니다. 시간 나는 대로 하는 것이다. 봉사라는 작은 날갯짓이 '나비효과'로 나타나 자신의 심신이 건강해지는 자기 자신을 위한 것이다.

건강과 사회적 행동 저널에 게재된 한 논문에 의하면 봉사활동 등 남을 위한 좋은 일을 할 때 다음의 6가지 이로운 점이 있다고 한다. ① 행복을 높인다. ② 삶에 만족한다. ③ 자존감이 생긴다. ④ 삶을 통제할 수 있다. ⑤ 육체적으로 건강해진다. ⑥ 심리적으로 건강해진다.

어느 생명보험회사에서 4,50대 대상으로 앞으로 꼭 해보고 싶은 일을 조사한 결과, 여행이 35%로 1위를 차지했고, 봉사활동 18.5%, 공부 6.5%, 스포츠 6.3% 순으로 나타났다. 혹자는 '나이가 들면' 또는 '형편이 나아지면' 봉사활동을 하겠다고 말하지만, 그렇게 말한 사람이 나이가 들어서, 형편이 나아져서 봉사활동을 하는 사람은 거의 없다.

나는 아마동(아름다운 마음을 가진 고교 동문들)이 매년 1년에 6회(짝수달 두 번째 토요일)에 걸쳐 제천시 봉양읍 베론성지 살레시오 집(중증인 보호 시설)에 내려가 봉사활동을 하는 것에 참여하고 있다.

아마동 봉사활동은 올해가 20년째인데 나는 유머를 배운 시기부터 다녔으니까 15년 정도 되었다. 후배 임종호 동문이 대표이사로 있는 주식회사 에어패스 회사 직원들도 아마동과 함께 봉사활동을 하고 있다. 아마동이라서 아마 통하는 것 같다.

아마동 창립18주년(2023.10.28.) 선물 전달. 촬영 사진가 황만복

나의 취미는 난타

나의 취미는 난타이다. 2011년도에 배우기 시작하여 지금에 이르고 있다. 난타를 배운 이유는 여러 명이 함께 장단을 맞추며 북을 두드리는 정열의 맛이다. 그리고 공연할 때 무대 위에서 잠깐이라도 마이크 잡고 유머 한마디 하는 맛도 있어 즐겁다.

난타 공연의 행복한 순간과 괴로운 순간은 언제일까.

가장 행복한 순간은 공연을 끝내고 박수 받으며 무대 내려오는 순간이지만, 가장 괴로운 순간은 공연 직전 박수 받으며 무대 오르는 순간이다. 그만큼 무대에 오른다는 것은 긴장되는 일이다. 무대에 올랐으면 최선을 다하여 즐겨야 관중도 즐겁다. 관중에게 최대의 선물은 무대에서 나의 재능을 최고로 발휘해서 모든 것을 다하는 것이다.

우리 더울림 난타는 제천 중증인 보호 시설 살레시오집, 김포 노인복지콜센터, 장애인 복지관 등에 봉사 공연을 많이 다녔다. 취미를 배워서 내가 나눈 작은 봉사 때문에 누군가 행복할 수 있다면 그 얼마나 놀라운 축복인가.

무대 위에서 즐기는 사람과 무대 아래서 즐기는 사람 차이는 무대에 서본 사람만이 그 맛을 안다. 스포츠와 비교하자면 선수와 관중의 차이라 할 수 있다. 선수가 될 것인가 관중이 될 것인가 당신의 선택이다.

우리 더울림 난타 공연 영상은 유튜브에서 볼 수 있다.

Part 5

자기소개
품격있고 재미있게

1. 나는 브랜드! 끌리게 자기소개

2. 나를 다양하게 써보는 자기소개

3. 나의 단점을 장점으로 자기소개

4. 직업·지역을 이용하여 자기소개

5. 재능·취미를 브랜드로 자기소개

6. 나를 차별화로 특별한 자기소개

7. 나의 가족들을 재미있게 소개

유익한 명언들

· 세상을 바꾸고 싶다면 네 스스로 먼저 그렇게 하라.　　　　　　　– 간디

· 행복을 자신에게서 찾지 못한다면 어디에서도 찾을 수 없다.
　　　　　　　　　　　　　　　　　　　　　　　　　　– 러플라이어

· 명랑해지는 첫 번째 비결은 명랑한 척 행동하는 것이다.
　　　　　　　　　　　　　　　　　　　　　　　　– 윌리엄 제임스

· 자신을 내보여라. 그러면 재능이 드러날 것이다.
　　　　　　　　　　　　　　　　　　　　　　　– 발타사르 그라시안

· 나 자신을 발견해라. 자신을 찾지 못하면 어느새 실종된다.

· 내 자신에 대한 자신감을 잃으면, 온 세상이 나의 적이 된다.
　　　　　　　　　　　　　　　　　　　　　　　– 랄프 왈도 에머슨

· 사람들은 자신의 생각을 말하는 것이 자신의 성격을 드러내게 되는
　것인데도 의외로 그것을 잘 모르는 눈치다.　　　　　　– 에머슨

1

나는 브랜드!
끌리게 자기소개

◆ 나를 끌리게 소개하는 방법
· 흥미를 끌면서 시작하라.
· 모임과 연관성을 말하라.
· 짧고 임팩트 있게 말하라.

나의 이름은 강력한 브랜드!

모임에서 참석자들이 순서대로 자신을 소개하는 경우가 많은데, 어쩌면 모두 똑같이 한 줄에 꿰어놓은 굴비처럼, 하나같이 입혀 놓은 유니폼처럼 획일적으로 소개할까? 그저 이름과 직업 정도만 말하고 끝이다.

지금은 자기 PR의 시대이다. 과거에는 P할 건 P하고 R릴 건 R리라는 것인데 지금은 P터지게 R리는 것이다. 지금은 나의 이름이 브랜드가 되는 세상이다. 사회생활에서 수많은 사람을 만나는데 처음 만난 사람이 나를 잘 기억하도록 소개하는 것이 필요하다.

자기소개의 기본적인 요령

(시작) 이름과 직업 말하기

(소개) 보충 멘트(내가 주는 이익)

(마침) 특성, 이름 말하기(기억되도록)

자기소개의 여러 가지 방법

기초적인 방식으로 여러 가지 방법을 소개한다.

첫째, 이름을 삼행시로 만들어 본다.

삼행시는 짧게 만들어야 하고 마지막이 핵심이다. 감동에 재미를 가미하면서 끝은 긍정으로 마쳐야 한다. 자신의 직업이나 취미, 특성을 연결해 만들면 더욱 좋다.

• 조세진 : 조심하고, 세심하고, 진실한 조세진

• 박재성 : 박식하고, 재능있고, 성격좋은 박재성

• 최상헌 : 최고의, 상품으로, 헌법이 보장한 최상헌

둘째, 이름의 특성을 활용하여 본다.

자신의 이름을 인터넷에 검색하여 본다. 이름 두 자, 석 자를 검색하여 본다. 동일하거나 비슷한 유명한 사람이 나온다면 자신과 연결하여 본다. 역사적인 인물이거나 오랫동안 기억되는 유명인을 연결시키는 것이 좋다.

- 조선 시대에는 추사 김정희가 있지요? 지금 시대에는 시인 유정희가 있습니다.
- 방송인 이상벽, 뽀빠이 이상용 다들 아시지요? (약간 뜸들이고) 그분들과 이름이 비슷한 이상섭입니다.
- 아이유와 비슷한 아이윤입니다. 아이유와 닮았다고 하는데 제가 보았을 때는 (한숨 쉬면서) 아이고~ 이네요.

셋째, 동음이의어를 활용하여 본다.

자신의 이름 석 자 또는 앞에 두 자, 뒤에 두 자를 동음이의어를 이용하여 한줄 문장을 만드는 것이다.

- 김은채: 저는 은~채 예뻐서… 은채라고 합니다.(경상도 사투리 버전으로)
- 전진: 앞으로 계속 전진하는 전진 가수입니다. 계속 전진하겠습니다.
- 견미리: 항상 미리 나오는 배우 견미리입니다. 오늘도 미리 나왔습니다.
- 이상섭: 이상형으로 사는 남자, 이상적인 남자, 이상을 추구하는 남자, 이상섭입니다.

넷째, 기타 여러 가지를 활용하여 본다.

자신의 이름에 받침을 빼보는 것, 이름을 거꾸로 읽어보는 것, 한문의 속성을 풀이하는 것 등이 있다. 자신의 신체적 특징에 대한 소개는 다음에서 설명한다.

- 저는 DJ입니다. 돼지라는 것이죠. 얼굴 돼지, 몸매 돼지, 노래 돼지, 그래서 돼지띠에 태어난 사람 ○○○입니다.
- 저의 이름은 김진배입니다. 이름에서 받침을 빼면 '기지배'가 됩니다. 기지배처럼 기지가 좀 있습니다.

나를 다양하게
써보는 자기소개

◆나를 알리는 3S 브랜딩 방법

· Simple. 단순함으로 사로잡는다.
· Story. 스토리로 사로잡는다.
· Sense. 감각으로 사로잡는다.

브랜드 네이밍으로 만들기

나의 소개글을 독특하게 만들어 본다.

프로 작가처럼 멋있게 세련되게 쓰고 싶다?

자신에 대한 한 획, 한 글자를 정성스럽게 써보면 나만의 소개 글이 만들어진다. 일단 자신에 대한 글을 자판으로 두드리면서 그저 생각나는 대로 쓰고 다듬다 보면 글이 된다.

문장을 짧게 여러 개를 만들어 본다. 자신의 직업, 관심 분야에 관한 생각을 써보는 것이다. 머릿속에 떠올리는 아이디어를 정리하다 보면 만들어진다.

사람은 세 가지 이름을 갖는다. 태어났을 때 부모님이 지어준 이름, 세상 살아가면서 붙는 브랜드 네이밍, 마지막으로 생애를 끝마칠 때 받는 명성(아호)이다. 부모가 지어준 이름만 달랑 가지고 있다면 무의미한 인생을 보내고 있다는 것이다. 지금부터 내 이름에 수식어를 붙여 보자.

사람들은 '1'이라는 숫자에 관심 갖는다. 톡톡 튀거나 기억하기 쉬운 말에 '1'을 붙이면 더욱 빛나게 보인다. 나는 '제1회 시험 법무사', '제1호 유머화술가' 이런 식으로 숫자 1을 붙여 말한다. 나의 유머 사부도 '제1호 유머 강사 김진배' 이렇게 알리고 있다.

- 웃음혁명가 MC 김제동, 마성의 글쟁이 ○ ○ ○
- 행복전도사, 웃음지도사, 희망전도사
- 웃음폭탄소, 뇌호흡전문가, 뇌운동전문가
- 스펀지맨. 인생식당, 에너지스타, 행복주사기
- 신진대사, 행복유람선, 행복충전소, 긍정바이러스

좋은 이미지도 중요하지만, 그와 더불어 자신의 이름도 함께 기억시킬 수 있는 재치있는 말 한마디도 중요하다. 쉽고 간단하고 인상적으로 한다. 중요한 건 나를 당당하고 자신감 있게 밝은 미소로 소개를 한다. 직업을 연결하는 것도 좋다.

- 삶의 엔도르핀 같은 ○ ○ ○ 입니다.
- 따뜻한 감성의 휴머니스트 ○ ○ ○ 입니다.
- 꿈과 성공을 위해 늘 도전하는 ○ ○ ○ 입니다.
- 다가오는 미래의 비전을 제시하는 ○ ○ ○ 입니다.

• 모든 사람에게 희망을 주는 ○ ○ ○ 입니다.

나를 한 줄 콘셉트로 말하기

남이 내 이름을 기억하는 것은 어렵다. 그러나 인생 이야기가 숨겨져 있는 네이밍은 오래 기억한다. 이야기는 살아서 움직이는 마법의 힘이다. 부드럽고 강한 이미지를 가지는 인생의 삶 이야기를 담은 수식어가 당신을 말한다.

광고의 한 줄 카피처럼 나 자신을 한 줄로 표현하는 20자 이내의 '한 줄 콘셉트'를 만들어 본다. 이름에 한 줄 콘셉트로 화제성과 차별성을 꾀하면 당신이 기억되면서 호감도가 상승한다.

나는 일반적으로 소개할 때는 이렇게 한다.

(이름) "안녕하세요? 이상섭입니다.

(한줄) 저는 낮에는 법무사, 밤에는 법자 빼고 무사입니다.

(설명) 낮에는 볼펜을 돌리는 법무사고요, 밤에는 무사로 춤출 무자를 쓰기에 손을 돌리는 난타, 유머화술가로 삽니다.

(마침) 좌우지간 밤낮으로 돌리는 남자 이상섭입니다. 참~ 집에서도 아내를 잘 돌립니다."

이렇게 소개하면 청자들은 "아~~ 그렇구나." 고개를 끄덕이고 웃으며 박수 쳐준다. 이처럼 한 줄 콘셉트로 '낮에는 법무사, 밤에는 예술가'로 각인시키고 있다.

나의 단점을
장점으로 자기소개

· 자신의 단점을 장점으로 승화시킨다.
· 나의 신체를 브랜드로 이미지화 한다.
· 재치있는 짧은 한 줄로 말을 한다.

단점도 장점이 되는 소개

나의 단점을 오히려 장점으로 소개하면 더 친근감을 가지게 된다. 누구나 외형적이든 내면적이든 단점과 단점을 가지고 있다. 그런데 단점은 감추려고 애를 쓴다. 드러내놓고 싶지 않은 게 사람의 마음이기 때문이다. 인간은 장점도 있고 약점도 있는 것이 아름답게 보인다.

[작은 키]
땅콩키 110cm로 대기업에 입사한 이지영

강연 100℃ 방송에서 한 말

"남과 다른 나를 사랑하라.

나는 남과 똑같지 않을까? 똑같지 않아도 된다.

여러분의 색으로 세상을 물들이세요."

지혜로운 사람은 단점을 장점으로 살려 쓴다. 단점은 장점으로 승화시키고 타인의 단점을 장점으로 덮어준다. 있는 그대로 상대를 존중하여 준다.

신체 특징을 이용한 소개글

각자무치(角者無齒). 뿔이 있는 짐승은 이가 없다는 뜻으로, 장점이 있으면 반드시 단점이 있다는 것이다. 각양각색(各樣各色). 사람마다 제각각 다양한 장단점들이 있어서 나에게도 분명 장점이 있다는 것이다.

누구나 장단점이 있고, 단점이 장점이 되고, 장점이 단점이 될 수 있다. 장점만 지니는 완벽한 사람 없으며, 단점만 지닌 미숙한 사람 없다. 이것이 세상사 이치다.

- 제 키는 2미터보다 작고 1미터보다 큽니다. 살면서 낮은 데로 임하라는 말씀에 키도 낮추어 버렸습니다.
- 저는 다 정상인데 일부 머리카락이 많이 실종되었습니다. 이건 생각을 많이 한 덕분입니다.
- 제가 안경을 쓴 이유는 눈이 나빠서가 아니라 세상을 더 밝게 보려고 쓴 것입니다.
- 제가 눈이 작은 것은 좋은 것 나쁜 것 다 보지 말고 작은 눈으로 좋은 것만 보라는 것입니다.
- 제가 코가 큽니다. 공짜인 공기를 많이 마시고 살다 보니 코가 커져 버렸습니다.
- 전 태어날 때 얼굴이 얼마나 못생겼는지 부모님이 엉덩이 대신 얼굴을 때렸다는 말도 있습니다.
- 저는 목이 짧습니다. 그러다 보니 뇌 명령이 더 빨리 전달됨으로 행동이 무척 빠릅니다.
- 우리 엄마가 태중에 있을 때 썬 텐을 많이 하다 보니까 제가 피부가 검게 태어났습니다.
- 필요한 부분만 살이 쪄야 하는 데 필요 없는 부분까지 살이 쪄 버렸습니다. 그 부분은 마음입니다. 그래서 제가 성격이 좋습니다.
- 제 얼굴과 몸매는 S라인입니다. 얼굴은 스마일(Smile)이지만 몸매는 쏘리(Sorry) 라인입니다.
- 남들보다 한 발 앞서가려고 노력하다 보니 배가 앞서가 버렸습니다.
- 제가 저울에 올라가면 저울에서 한 말이 "한 사람은 내려오세요." 한답니다. 그러나 마음은 몸무게와 같이 한없이 풍만하답니다.

4

직업·지역을 이용하여 자기소개

◆ 직업이 다른 세 사람에게 질문을 했다.
"2 더하기 2는 얼마입니까?"
 • 회계사: 4입니다.
 • 유머맨: 이해하고 이해하니 사랑입니다.
 • 영업맨: 얼마가 되기를 원하십니까?

나는 하나의 브랜드다!

나를 세상에 브랜드로 알리자. 나의 얼굴은 나의 소개장이다. 요즘 인맥 시대에서 나를 세상에 기억시키는 전쟁이라 할수 있다. 자신의 이름과 직업을 인터넷에서 검색되는 전문가가 되어야 한다. 자신의 이름과 직업이 잘 알려지도록 자신만의 독특한 소개를 만들어 본다.

자신을 낮추어라. 인간적인 약점이나 결점을 있는 그대로 보여주며 내가 보통 사람임을 알려주는 것은 안도감 형성에 도움이 된다. 상대가 경계심을 허물고 편안한 마음이 들도록 한다.

직업을 활용하는 기법

- 술값보다 더 아까운 것이 세금이지요. 그래서 저의 닉네임이 '세금피나' 입니다. 세금과 관련된 일을 하는 세무사입니다.
- 걱정하시는 분 많으신데요. 그래서 제가 대리걱정사 1급 자격증을 땄습니다. 걱정하실 분 저한테 오세요. 대신 걱정하여 드립니다. 그런 직업과 비슷한 대리운전 회사를 경영하고 있습니다.
- 대한민국은 속도전의 사회입니다. 경쟁 속에서 남들보다 더 빨리 진급해서 과장, 부장, 소장, 사장, 회장이 되려고 달려갑니다. 그러나 마지막은 송장으로 끝나게 됩니다. 저는 진급이 싫어 젊어서 법무사가 되었습니다.
- 여러분의 멋지고 예쁜 사진은 제가 다 찍어 드립니다. 대신 결과에 대해서는 책임을 지지 않습니다. 사진 찍기 좋아하는 사진작가입니다.
- 세상엔 딱 두 종류 직업이 있죠? 맘으로 하는 직업과 몸으로 하는 직업이죠. 저는 맘으로 하는 직업 작가입니다.
- 저는 돈을 좋아합니다. 돈나물을 좋아하고 돈고기도 좋아하고, 몸도 돈이 되어 버린 돈돈돈 타령입니다. 돈장사 돼지고기 식당을 운영하는 ○○○입니다.

지역을 활용하는 기법

- 천당과 지옥이라는 곳이 있습니다. 저는 천당 밑에 분당에서 살고 있습니다.
- 저는 시바스 리갈 술을 좋아합니다. 그래서 사는 곳은 시바스 신갈입니다.
- 저는 우리나라 최고의 명문대학 서울대 …(뜸들인 후)… 그 지역 신림동에 살고 있습니다.

사회적 현상을 이용하는 기법

• 세상이 온통 숟가락 타령입니다. 금수저, 은수저, 흙수저 등의 말이 나오고 있는데 저는 손수저입니다. 나의 힘으로 커온 자수성가입니다. 수저를 만드는 회사 대표이사 ○○○입니다.

교사들의 자기소개

• 유년 시절에는 부모님께 "학교 다녀오겠습니다." 했는데 지금은 아내에게 "학교 다녀올게." 합니다. 평생 학교만 다니고 있습니다.
• 학생 시절엔 검정 고무신 신고 학교에 다녔습니다. 그런데 지금은 검정 구두를 신고 학교에 다닙니다.

별명, 상호 등을 이용하는 기법

별명은 가능하면 긍정적인 별명을 사용하라. 부정적인 별명은 자신의 이미지가 부정적으로 인식될 수 있다. 식당 간판들을 유심히 보라. 톡톡 튀는 기발한 상호들이 많다.

• 옥수수치과	• 글래머웨이터	• 이편한 치과
• 머리잘헤어	• 반지하제왕	• 속편한 내과
• 백마탄 환자	• 술타먹스	• 웃으면 돼지
• 술퍼마켓	• 스타박씨 커피	• 아디닭스
• 스티브잡술	• 오드리 햇반	• 한우가 살아있네

5

재능·취미를
브랜드로 자기소개

· 음악은 행복한 사랑의 언어이다.
· 음악하고 춤추면 한 살 덜 먹는다.
· 누구에게나 타인들에게 베풀어야 할 고유한 재능이나 특별한 능력이 있다
(인도 사람들의 '다르마의 법칙' The Law Dharma or Purpose in Life).

특별한 재능은 선물이다!

취미는 시간이 남아서 하는 것이 아니라 시간을 내서 꾸준한
연습과 인내를 통하여 이루어진다. 이런 습성 때문에 성공한
리더들을 보면 부족한 시간을 쪼개내서 자기만의 독특한 취미
생활을 즐기고 있다.

나만의 은밀하고 위대한 취미. 내가 배운 재능과 취미로 좋
은 일에 사용하면 얼마나 행복한 일인가?

취미는 삼년지애(三年之艾). 3년의 고된 연습이 필요하다.

10년 투자하면 전문가가 되고,

20년을 투자하면 달인이 되고,

30년을 투자하면 그건 인간문화재

• 음악이 있는 곳에 악은 없다 −세르반테스
• 고통 없는 취미는 없다. No cross No Crown
• 취미는 고된 연습에서 나온다.
  연습은 익숙함을 선사한다. 익숙함은 자신감을 불러온다.
  자신감은 가능성을 싹 틔운다. 가능성은 우리를 나가게 한다.
  그래서 연습이 전부다.

재능과 취미를 이용한 자기소개

취미는 브랜드 확장이다. 내 직업에 시너지를 더 확대하는 것이다. 일 잘하는 사람이 다른 것도 잘한다는 것을 보여준다.

• 여러분과 취미를 함께하면서 만나게 되어 가문의 부활(영광, 실패, 수난, 축제) 시대가 돌아오고 있습니다.
• 요즘 댄스방송이 인기입니다. 저도 댄스스포츠를 해왔습니다. 댄스 방송을 보시면 제가 (뜸들이다가) 안 나옵니다.
• 저는 설악산, 한라산, 지리산을 좋아하는 사람이 아니라 부동산을 좋아합니다. 부동산을 하는 ○○○입니다.
• 나는 밤낮으로 손을 돌려주는 사람입니다. 낮에는 돈을 돌리는 은행 일을 하고, 저녁에는 손을 돌리는 댄스 마니아 ○○○입니다.
• 여러분께 사과할 일이 있습니다. 제가 댄스스포츠, 난타. 유머화술가로

[아내의 취미]
"아내는 무얼 하세요?"
"요새 내가 밥투정을 하니까 학원에 다니고 있지"
"아 ~ 요리학원 다니는가 보네. 좋은 아내구먼"
"아니 그게 아니라 유도학원 다닌다네."
"아니! 왜 유도학원에 다니는가?"
"내가 밥투정하면 2단 옆차기로 돌려 차버린다고."

나는 취미 생활로 40대 중반부터 시간을 내서 "사람들아 춤
을 춰라. 사춤인생이 즐겁다."라는 댄스스포츠를 7년 정도 배
우며 즐겨왔다가, 지금은 난타 취미로 배우며 공연도 다니고
있다. 작심삼년이 아닌 작심십년이다.

6

나를 차별화로
특별한 자기소개

◆ 한 번에 기억되는 사람
  - 자기만의 색깔을 낸다.
  - 인상적인 스토리텔링
  - 호감가는 외모와 행동
  - 유머와 재치 넘치는 말투
  - 간결하지만 정확한 의사전달
  - 특이한 상황이나 에피소드
  - 강렬하지만 예외 있는 전달력

남과 다른 나의 차별화

자기소개가 서로 비슷하다면 흥미를 느끼지 않는다. 그러나 사람들이 깜짝 놀랄 정도로 남과 다른 독특한 소개를 한다면 당신에게 집중된다. 당신에게 강력한 관심과 호감이 형성되어 집중시키는 특별한 자기소개를 하는 것이다.

- 저는 모든 여성의 삶을 겪어보지는 못했으나 모든 사이즈는 경험해 보았습니다. (미국 연예인 토크쇼의 여왕 오프라 윈프리)
- 지금 제가 나오니까 얼굴이 붉어지고, 심장이 쿵쿵 뛰고, 호흡이 거칠어지고, 맥박이 빨라지는 여성분들이 계시는데요. 그런 분들은 기관지

가 안 좋으신 분입니다. 기관지 전문의사 ○○○입니다.

- 저는 밤에는 '무사'입니다. 무사에게는 두 가지 금기사항이 있지요. 바로 술과 여자입니다. 하지만 저는 춤출 '무'자를 쓰는 '무사'이기에 술과 여자 다 좋아합니다.

나를 차별화시키는 방법

시작은 관심 유발로 집중하도록 흥미진진한 내용으로 시작하라. 다른 사람들한테서 들을 수 없는 독특한 특성과 관련된 것을 연결한다.

- 세상에는 세 종류 사람이 있습니다. 남자, 여자, 그리고 저 ○○○입니다.
- 기력, 체력, 정력이 많은 여러분 앞에 제가 나왔습니다. 저에게 박수 한 번 주세요. 박수 많이 치신 분은 박수친 만큼 복을 담아가실 겁니다.
- 저는 지금 얼굴이 붉어지고, 숨이 막히고, 가슴이 답답하고, 심장이 요동치고, 호흡과 맥박이 통제가 안 되고 있습니다. 왜 그럴까요? 그것은 훌륭한 여러분 앞에 서 있기 때문입니다.
- 멋진 분들 앞에 서다 보니 저도 그렇고 몸도 그렇고, 혀까지도 마비가 되는 것 같습니다. 아마 박수가 필요한 것 같습니다.
- 오늘 여러분들을 만난다는 설렘 속에서 빨리 오고 싶어 비행기를 타고 오는 꿈을 꾸며 자전거 타고 달려온 사람입니다.
- 오늘 이 자리에 가장 매력 있고, 재치 있고, 재능이 다양한 멋진 분이 오셨습니다. 소개하겠습니다. 박수 한번 주시지요. 바로 접니다.
- 저는 배려하는 행동을 참 좋아합니다. 여러분도 다 그러시지요? 여러분이 저에게 박수 주는 것은 무척 좋은 배려심 있는 행동이라 생각합니다.

- 여러분! 60년 전에는 없었는데 지금은 있는 것은 무엇일까요? 그게 바로 접니다. 지금 제 나이가 60입니다. ㅎㅎ

반어법으로 모순유머를 활용하는 방법

참뜻과는 반대되는 말을 하여 나를 한층 강조하는 것이다. 위트나 역설 따위가 섞여 나타나는 경우가 많은데 인색하다는 뜻으로 '참 푸지게도 준다!' 따위다.

- 개그맨: "저는 개그맨입니다. 웃기는 거 빼고는 다 잘합니다."
- 애처가: "저는 애처가입니다. 아내 빼고 다 좋습니다."
- 가　수: "저는 가수입니다. 노래 빼고 다 잘합니다."

역주행 또는 미래형으로 소개하는 방법

알만한 유명한 사람을 마치 자기인 것처럼 소개하다가 갑자기 엉뚱한 방향으로 끌고 가거나, 미래에 내가 어떠한 사람이 될 것이라고 포부를 밝히는 방식의 소개법이다.

- 저는 역사적 사명을 띠고 이 땅에 태어나 오늘 여러분을 만나기 위해 여기에 온 사람 ㅇㅇㅇ입니다.
- 미래에 은행장이 될 사람으로 지금은 어느 은행 어느 지점에 다니는 ㅇㅇㅇ입니다.
- 그 유명한 ㅇㅇㅇ 아시지요? 몇 년 후에 그 사람처럼 유명해질 ㅇㅇㅇ입니다.
- 여러분! 어떤 남자 스타일을 좋아하시나요? 강남스타일? 저는 신이 몰빵하고 있는 남자 ㅇㅇㅇ입니다.

7 나의 가족들을 재미있게 소개

◆ 소개팅에서 물어본 일
 • 남자: 장래에 뭐가 되고 싶어요?
 • 여자: 저는 여자니까 애 낳고 평범하게 살래요.
      그러면 댁의 장래 꿈은 뭐예요?
 • 남자 : 네~ 저는 댁이 애 낳는 데 협조할게요.

결혼기념일은 가족 생일

'가족 생일' 생소한 말인가?

부부가 된 날이 바로 가족이 탄생한 날이 되는 부모 결혼기념일이다. 온 가족이 한마음으로 '가족 생일'을 기념하다 보면, 더욱 건강하고 행복한 가족이 될 거라고 본다.

남편은 집안 '3대 국경일'을 잘 챙겨야 한다.

아내 결혼기념일! 아내 생일! 장모님 생일!

부부 결혼기념일이 아니고 아내 결혼기념일이란다. 남편이 국경일 행사를 그냥 넘기면 아내는 삐지고 기억하여 필요할 때마다 꺼내 쓸 것이다. 남자들의 뇌 속에는 기념일을 저장하는 방이 없어서 기념일을 잘 챙기지 못한다. 하지만 국경일을 잘 챙기면 '처화만사성'(아내가 화목해야 가족이 화목해진다.)이 된다.

[부부 발전 4단계]

- 결혼 초기 : 사랑으로 살고,
- 3년차 이상 : 정으로 살고,
- 5년차 이상 : 의리로 살고,
- 10년차 이상 : 전우애로 산다.

> 부부는 사랑이 정으로, 정은 의리로, 의리는 전우애로, 지금은… 서로의 버팀목으로… 살아간다.

[여행용 가방 선물]

아내가 결혼기념일을 안 챙겨주는 남편에게 큰 여행용 가방을 선물한다. 그리고 딱 한 마디 한다.

"당신! 짐 싸서 나가!"

이때 남편은 한마디를 던진다.

"당신! 이 가방 속으로 들어가! 당신을 싸서 나가야겠어!"

가족을 다양하게 소개하기

어느 모임에서 내 가족을 재치 있게 소개한다.

- 제가 무슨 짓을 하고 다니는지 귀신같이 잡아내는 초능력자와 살고 있습니다. 내 말 한마디만 들어도, 내 얼굴만 봐도, 다 알아낸다는 사실입니다. 그 초능력자는 바로 내 아내입니다.

- 아내는 딱 한 명이고 자식이 둘입니다. 자식들의 중요한 부분이 저와 똑같습니다.
- 아내는 저와 결혼한 후에 두 남자가 생겼어요. (한 숨 푹 쉬다가) 큰아들, 작은아들 두 남자죠.
- 저는 아내와 도장 찍었습니다. (뜸들이고) 35년 전에 결혼 도장을 찍었는데 지금까지 유지하고 있습니다. 앞으로 도장을 찍어야 하는데... 그럴 일이 없을 것 같습니다.
- 제가 결혼한 지 35년이 넘었습니다. 세월이 흐르다 보니 예전처럼 사랑하는 것이 아니고… (약간 뜸을 들인 후…) 그때보다 더 아내를 사랑합니다.
- 나는 젊었을 때 예쁜 여자가 좋다고 생각했습니다. 그래서 예쁜 여자와 결혼했는데, 지금 생각해 보니 중요한 사실 한 가지 사실은… (여기서 무슨 말을 할까 궁금해 하도록 잠깐 뜸을 들인다). 예쁜 여자가 정말로 좋다는 사실을 알았습니다. 제 아내입니다.
- 내 아내는 예술가입니다. 빨래를 잘 펴서 말리는 설치 예술가이고요. 방귀를 뀔 때는 폼을 딱 잡고 뀌는 행위 예술가입니다.
- 인생 살아오면서 투자해서 불어난 것은 내 뱃살과 마누라 뱃살입니다.
- 제 아내는 직장에서는 "아~ 네" 하지만, 집에서는 "안 해! 안 해!" 하는 '아내'가 됩니다.

그림 최인영 2024. 12. 9.

Part 6

한 말씀
깔끔하고 흥미롭게

1. 나만의 멋지게 한 말씀

2. 리더의 품격 유머 한 말씀

3. 축사, 환영사 격려 한 말씀

4. 수상자의 감동스런 한 말씀

5. 사회자의 재치있는 한 말씀

6. 강연자의 휘어잡는 한 말씀

7. 주례, 덕담 깔끔한 한 말씀

유익한 명언들

· 짧게 말하는 사람은 사고가 넓은 사람이고, 길게 말하는 사람은 사
  고가 좁은 사람이다.   – 장 파울

· 좋은 말은 언제나 단순하며, 언제나 만인에게 이해되며, 언제나 합
  리적이다.   – 톨스토이

· 탁월한 리더는 자신을 따르는 자들의 자존감을 고양하기 위해 갖은
  노력을 다한다. 스스로를 믿는 사람들은 놀라운 일을 해낸다.
                                                      – 샘 월튼

· 마흔 살이 지나면 남자는 자기의 습관과 결혼해 버린다. – G.메러디스

· 영감은 기다린다고 오지 않는다. 직접 찾으러 나서야 한다. – 잭 런던

· 리더십은 사람들에게 효과적인 아이디어를 널리 퍼트릴 수 있는 기
  반을 제공하는 기술이다.   – 세스 고딘

· 상상력은 지식보다 더 중요하다. 지식은 한계가 있다 하지만, 상상
  력은 세상의 모든 것을 끌어안는다.   – 아인슈타인

나만의
멋지게 한 말씀

◆ 연설은 섹스처럼 해야 한다
  • 시작은 부드럽게 해야 한다.
  • 본론은 열정적으로 해야 한다.
  • 쌍방 모두 한마음 되어야 한다.

한 말씀은 KISS

스피치는 인품과 매력의 척도이다.

리더들은 간단한 문장을 좋아한다.

연설할 때의 'KISS 법칙'이 있다. Keep It Simple, Stupid(간단명료하게. 그리고 머리나쁜 사람도 알아듣게 하라)의 약자이다. Stupid 대신 Short를 쓰기도 한다. '간단하고 짧게'

당구는 쓰리쿠션에서 박수를 받듯이, 말도 KISS로 해야 박수를 받는다. 내용을 효과적으로 나타내기 위해 시각물을 이용하되 '단순, 명쾌, 간략, 크게'하여 전달 효과를 높인다.

지루하게 연설하는 레이건 대통령에게 낸시 여사가 'KISS' 라는 단어가 적힌 쪽지를 건네준 일화가 있다. 기자들이 그 뜻을 묻자 낸시 여사는 'Keep It Short, Stupid!'라는 뜻이라고 대답했다 한다.

짧은 치마에 긴 머리가 휘날릴 때 멋진 여인으로 보이듯이 스피치도 짧은 말 속에 긴 여운을 남기는 것이 멋진 말이다. 너무 짧으면 내용이 없고 길면 흥미를 잃는다. 청중의 마음을 사로잡고 귀를 쫑긋하게 관심을 불러일으키는 강렬한 한 말씀이 중요하다.

한 말씀은 나에게 주어진 시간만 활용하라. 문체는 딱딱하거나 전문적인 것보다는 부드럽고 쉬운 말을 한다. 하고자 하는 말이 길고 복잡하더라도 긴 이야기는 짧게, 복잡한 이야기는 간결하게 압축시켜 말한다.

입 키스는 오래 하고 말 키스는 짧게 한다.

일반적으로 사람들은 스피치를 들을 때 2분 30초 정도 지나면 지루함을 느끼기 시작하면서 그때부턴 언제 끝나나 생각만 한다. 그래서 하고 싶은 말 핵심 3가지 이내로 강조하면서 3분 이내 스피치가 필요하다. 3개 이상의 주제로 강조하는 말을 하면 장황한 말이 되어 청중들은 지루하고 기억도 안 된다.

스피치의 메시지를 기억시키는 결정적 요소는 결말이다. 귀를 혹하는 짜릿한 한 줄을 남겨라. 긍정의 메시지를 던져라.

- 일. 한두 가지 주제만을 잡아라.
- 이. 이야기하듯 자연스럽게 말하라
- 삼. 삼삼한 표현으로 쉬운 말을 하라.
- 사. 사건과 사연의 체험담으로 말하라
- 오. 오래 끌지 마라.

대화 주제는 시대별 코드가 맞아야 한다.

청년에게는 미래를 이야기하고, 중년에게는 현재를 이야기하고, 노년에게는 왕년을 이야기한다. 지혜로운 사람은 본 것을 이야기하고, 어리석은 사람은 들은 것을 이야기한다.

무대 공포증 극복

사람들이 가장 큰 공포심을 느낄 때 4가지가 있다고 한다. 높은 곳에 올라가 있을 때, 깊은 곳에 내려가 있을 때, 어두운 곳에 들어가 있을 때, 마지막으로 대중 앞에서 말하고자 할 때라고 한다. 그만큼 무대공포증이 크다는 것이다.

대중 앞에서는 말을 할 때 자연스럽게 유머나 덕담 등으로 시작하면 좋은데 무대에 서본 경험이 없는 초보자들은 얼굴이 굳어 있거나 경직되어 긴장한다. 긴장되면 떨린다고 솔직하게 털어놓는 것이 더 좋다.

"저는 지금 손이 막 떨리고 있죠. 목소리는 양의 목소리가 되고 있고요. 아 정말 미치기 일보 직전 상황이네요. 이 상황의 극복은 여러분의 힘찬 박수입니다." 그러면 청중들은 "괜찮아요." 하며 응원의 박수를 보낸다.

- 저는 지금 손에 홍수가 났어요. 엄청나게 떨려요.
- 심장이 배 밖으로 튀어나올 것 같아요
- 다들 저를 쳐다보시니까 마치 낭떠러지에 서 있는 기분입니다.
- 머릿속에는 아무것도 생각 안 나고 뛰쳐나가고 싶어요.
- 스키장에 온 것 같아요. 눈앞이 하얘졌습니다.
- 저는 완전 멘붕이네요. 오장육부가 떨립니다.
- 저 얼굴이 빨개지면서 홍익인간이 되고 있습니다.

나의 체험담 구성

사람들은 누군가의 독특한 체험담에 귀를 기울인다. 여자는 실패담에 흥미를 나타내고, 남자는 성공담에 흥미를 나타내는 것이 보통이다. 남녀 모두는 청춘 시절 썸타는 이성 이야기에 귀를 쫑긋한다.

체험담 이야기는 드라마의 예고편이나 마지막처럼 궁금하게 시작한다. 연속극처럼 대조, 라이벌, 반전의 3가지 스토리 요소가 있어야 재미가 있다. 즉 부자 남자와 가난한 여자가 사랑에 푹 빠져 있는데(대조), 다른 부자 남자가 끼어들어 여자를 쟁취한다(라이벌). 이를 본 부모가 반대하다 혈압으로 쓰러져 병원에 가는(반전) 스토리의 연애 경험담이다.

234

나만의 특별한 체험담이 누구한테는 그저 그런 일이지만, 어떤 사람에게는 신기한 일이다. 거기서 재미있는 일화를 찾아내는 자기 관찰이 필요하다. 나만의 스토리는 누구나 다 가지고 있다. 그걸 얼마나 재미있게 말하느냐에 달려있다.

전문용어로 장황하게 말하지 말고 짧고 쉽게 말하라. 소통은 화자 중심 아닌 청자 중심이다. 내가 하고 싶은 말을 하는 것이 아니라 상대가 듣고 싶은 말을 하는 것이다.

- 뻔한 이야기보다 펀(fun)한 이야기를 한다. 대화는 뻔뻔한 이야기보다 펀펀(fun fun)한 이야기를 하는 데서 뚫린다.
- 뻔한 이야기는 귀를 닫게 하지만, 펀(fun)한 이야기는 귀를 열리게 한다. 귀를 열어 호강시켜라.
- 자신이 하는 말에 스스로가 재미있어야 한다. 펀(fun)한 이야기를 하고 싶다면 스스로 즐겨야 한다. - 유재석
- Fun한 사람이 편한 사람이다. 뻔뻔하게 세상을 살지 말고 펀펀(fun fun) 하게 세상을 산다.

[썸남을 애인으로 만든 사연]
"여자 혼자 사는 집에 남자 속옷 걸어두면 방범에 도움이 된대. 그런데 너무 새것으로 걸어두면 진짜 남자 속옷이 아니라 어디서 사 온 것으로 타나니까 니가 우리 집에 와서 하나 벗어줄래?"

이처럼 남과 다른 특별한 체험담으로, 썸남을 애인으로 만들었다는 이야기에 다 같이 기립박수를 주었다 한다.

2

리더의 품격 유머
한 말씀

◆ 보스와 리더의 차이
  • 보스는 가라고 말하고, 리더는 가자고 말한다.
  • 보스는 나라고 말하고, 리더는 우리라고 말한다.
  • 보스는 부하를 만들고, 리더는 지지자를 만든다.
  • 보스는 뒤에서 호령하고, 리더는 앞에서 이끈다.
  • 보스는 권위에 의존하고, 리더는 선의에 의존한다.

리더는 Reader

Leader가 Reading 하지 않고 Lead 할 수는 없다.

CEO란(Chief, Executive, Officer) 최고 경영자인데, 삼행시로 표현하면 '시원하게 이끌어 주는 오너'이다. 우리말로 읽으면 힘이 있다는 뜻으로 '쎄오'가 된다.

  • C= Chief. 의사 결정을 내리고 책임지는 존재.
  • E= Executive. 말이 아니라 앞장서서 실행하는 존재.
  • O= Officer. 높은 기준과 가치를 가지고 이끄는 존재.

지금의 CEO들은 부드러운 이미지를 주기 위해 격식을 갖추기보다는 편안한 복장을 즐겨 입는 쿨비즈 문화이다.

[리더(Leader)의 조건]

- L. Listen. 이야기를 경청하라.
- E. Express. 관심과 기대에 인색하지 마라.
- A. Applaud. 질책보다는 칭찬이다.
- D. Dependon. 의심하지 말고 믿고 맡겨라.
- E. Educate. 일하는 방법을 가르쳐라.
- R. Rear. 약점 보완보다는 강점을 육성시켜라.

리더는 가슴에 꿈을 안고 뛰어야 한다. 호주머니를 채우는 리더는 진정한 리더가 아니다.

[리더의 급수]

- 보통 리더는 지껄인다.
- 좋은 리더는 잘 가르친다.
- 훌륭한 리더는 스스로 해보인다.
- 위대한 리더는 가슴에 불을 지른다.

지금은 보스 시대가 아니라 리더 시대이다.

리더가 되면 말이 많아진다. 연구 결과를 통해서도 밝혀진 사실이다. 직원들에게 뭔가를 가르치고 설득하고 싶은 까닭이다. 리더가 말이 많으면 직원들은 입을 닫는다. 나를 따르라는 식의 명령보다는 나와 함께하자는 협력의 시대이다.

아이젠하워 전 미국 대통령에게 리더십이 뭐냐고 물었다. 아이젠하워는 질문자에게 책상 위에 실을 놓고 당겨 보라 했다. 실을 당기자 실이 가는 방향으로 끌려 왔다. 이번에는 뒤에서 밀어보라고 했다. 실은 구부려질 뿐 밀리지 않았다.

그는 말했다. "리더는 밀지 않는다. 이끌 뿐이다. 실을 당기면 방향대로 따라오지만, 뒤에서 밀면 헝클어질 뿐이다."

리더의 스피치는 짧고 강렬하다.
오바마는 짧은 말 한마디로 상황을 정리한다.
처칠과 링컨은 짧은 한마디의 유머로 말한다.
스티브 잡스는 매우 짧은 말로 기억에 남긴다.
스티브 잡스는 사람들에게 오랫동안 기억에 남는 만드는 말들을 남겼다. 매우 짧은 문장들이지만 스티브 잡스의 전매특허처럼 되어 버린 경구들이 많다. 길지 않고 오히려 짧기 때문에 오히려 스티브 잡스의 이미지를 더욱 강렬하게 만들어 주었다.

나의 한 말씀

내가 고교 지역동문회장으로 있을 때 연말 총회에서 사용했던 나의 한 말씀을 소개한다.

[나의 한 말씀 '무지개 성공 철학']
"여러분! 성공하고 싶지요? 그래서 다들 세계적인 베스트셀

러 스티븐 코비가 쓴 책 '성공하는 사람들의 7가지 습관' 읽어 보셨을 것입니다. 저는 그 책이 너무 두꺼워서 안 읽어봤어요. 책 제목만 보아도 성공하는 사람들은 좋은 습관이 있다는 것을 알 수 있습니다.

제가 생각하는 성공하는 사람들의 7가지 습관은 무지개 일곱색깔 '빨.주.노.초.파.남.보'라고 생각합니다.

빨. 빨리하라. 빨리 가야 앞서게 된다.

주. 주의하라. 주의 깊게 들어야 한다.

노. 노력하라. 능력보다 노력이 중요하다.

초. 초대하라. 초대하여 가까이 대하라.

파. 파고들어라. 그러면 전문가가 된다.

남. 남을 배려하라. 상대중심이 기본이다.

보. 보고 또 보라. 그래야 정이 간다.

이처럼 무지개 성공 철학으로 '빨주노초파남보'의 좋은 습관을 통해 성공하는 인생을 펼쳐지길 바랍니다. 만약 나쁜 습관이 이어진다면 '무지개 같은' 인생이 아닌 '무지~ 개 같은' 인생이 펼쳐질 것입니다. (폭소) (이하 생략)"

위의 나의 한 말씀을 설명하면, 시작은 마치 책의 내용을 말하려는 것처럼 보이지만, 방향이 다른 무지개색 '빨주노초파남보'를 이용하여 운율법을 사용했다. 마지막은 띄어쓰기를 달리하여 유머로 마무리한 것이다. 독특한 주제의 '무지개 성공 철학' 기억에 남게 될 것이다.

3

축사, 환영사 격려 한 말씀

• 스피치는 첫마디와 마지막 마디가 중요하다.
• 짧게 말하는 사람은 사고가 넓은 사람이고
 길게 말하는 사람은 사고가 좁은 사람이다.
 - 장 파울 -

한 말씀은 늘 간단하다

누구나 상투적인 말을 듣고 있으면 지겨울 뿐이다. 유명인들의 한 말씀은 늘 간단하다. 딱딱하거나 전문적인 용어보다는 부드럽고 쉬운 말을 한다. 딱딱해서 좋은 것은 오직 그거 하나뿐이다.

할 말이 많더라도 3분을 넘기지 말라. 스피치의 메시지를 강렬하게 기억시키는 결정적 요소는 처음과 마지막이다. 한 말씀 어렵다면 이니셜 기법으로 간단하게 만들어 사용한다.

[하루 일십백천만]

하루를 알차게 보내는 '일십백천만'이 있다.

· 일: 하루에 한 가지 이상 좋은 일을 하고,

· 십: 하루에 열 번 이상 웃고

· 백: 하루에 백 자 이상 글을 쓰고

· 천: 하루에 천 자 이상 글을 읽고

· 만: 하루에 만 보 이상 걷는 것이다.

오늘도 '일십백천만' 생활로 건강하게 보내기를 바란다.

인간관계 '만남 369 법칙'

3번 정도 만나야 잊히지 않고,

6번 정도 만나야 마음의 문이 열리며,

9번 정도 만나야 친근감이 느껴지기 시작한다.

나의 환영사

내가 위 '만남 369 법칙'을 응용하여 고교 동문 한마당축제 환영사에서 '동문 369 생활'이라는 제목으로 숫자 이니셜을 이용한 환영사의 한 말씀이다.

[나의 환영사]

"(중략) 3년을 고교에서 겸손·창조·자주의 전인교육을 받고,

6년을 대학과 군대 생활의 입문 교육을 받아, 9년을 사회생활에 전력을 다하며 살아왔습니다. 이렇게 3, 6, 9년이라는 세월이 흘러 친구가 좋아 선후배가 좋아 그리워하는 오늘 서로 사랑

하고 우정을 나누면서 만사형통, 운수대통, 의사소통하는 '통통통' 하는 축제의 날로 보내십시오. 끝나고 나서 '친구를 찾을껄, 동문에게 베풀껄, 다같이 즐길껄' 후회하지 마시고, 오늘 무조건 '껄껄껄' 웃으면서 가족한마당 축제를 즐기시길 바랍니다. 감사합니다.”

연결 유머로 한 말씀

어린 시절에 말꼬리를 무는 끝말잇기를 해보았을 것이다. 연결형, 연쇄 반응형, 도미노형 등으로 연결하는 고품격 유머화술에 해당한다. 3가지 정도로 이어지는 것이 가장 좋다.

• 아는 것은 좋아하는 것보다 못하고, 좋아하는 것은 즐기는 것보다 못하다. 좋아하는 것도 힘든데, 즐기는 것은 얼마나 어렵겠는가. ― 공자

• 유머를 아는 것은 유머를 좋아하는 것보다 못하고, 유머를 좋아하는 것은 유머를 즐기는 것보다 못하다. 유머를 즐기는 사람이 진정한 유머이다.

• 재능 있는 자는 노력하는 자를 못 따르고, 노력하는 자는 즐기는 자를 못 따르는 법이다.

- 천재는 노력하지 못하는 사람을 능가하지 못하고, 노력하는 사람은 즐기면서 일하는 사람보다 행복할 수 없다.
- 그냥 하는 사람은, 열심히 하는 사람을 당할 수 없고, 열심히 하는 사람은, 즐겨서 하는 사람을 당할 수 없고, 즐겨서 하는 사람은, 미쳐서 하는 사람을 당할 수 없다.

한 말씀 해 주실래요?

당신에게 즉흥적으로 '한 말씀'해 달라는 부탁을 받을 때 그런 기회를 Yes할 것인가? No할 것인가? Yes를 했다면 기회를 찾는 것이고, No를 했다면 기회마저도 포기한 것이다. 스피치는 자신감과 열정, 독서와 메모, 무대 경험을 통하여 당신의 '한 말씀'이 업그레이드가 되어갈 것이다.

[새해 덕담]

"덕담 한마디는 사자성어로 하겠습니다.

법무사님~ 올해는 '파란만장!', '너나잘해!' 하십시오.

파란만장은 파란 것 만 장으로 1억 원이 되죠. 올해 돈 많이 버시기를 바라고요. 너나잘해는 '너와 나가 잘나가는 해'라는 뜻입니다. 파란만장! 너나잘해!"

나는 법무사회 신년 시무식에 참석하였는데, 다들 일반적인 덕담을 하였지만 나는 위와 같이 새해 사자성어(?)로 유머러스하게 깔끔한 새해 덕담을 하였다.

4

수상자의
감동스런 한 말씀

◆ 수상자의 한 말씀
　• 주최자 및 청중에 대한 칭찬인사
　• 유머러스한 수상소감 한 마디
　• 짧은 말 속에 긴 여운을 남기는 말

수상소감은 짧게

엘리베이터를 타고 내릴 때의 약 60초 이내 짧은 시간 안에 사람의 마음을 사로잡을 수 있어야 하는 엘리베이터 스피치는 할리우드 영화감독들 사이에서 비롯되었다 한다. 짧은 시간 동안 이루어지는 스피치로 가장 중요한 것은 듣는 이의 관심을 확 잡아끌 수 있는 한 문장이다.

미국 영화배우 해리슨 포드(Harrison Ford)가 골든 글로브상을 받을 때 재치있는 수상소감의 일화로 유명하다.

"시상식에서 시간이 얼마나 중요한지 알기 때문에 소감을 짧은 것과 긴 것 두 개를 준비했습니다."

"짧은 것으로 하겠습니다. 땡큐"

(그는 잠시 후 말을 이어 갔다.)

"아~ 시간이 남는군요. 그럼 긴 것도 마저 하겠습니다. 땡큐 유 베리 마취"(장내 폭소와 박수)

이러한 재치있는 수상소감을 응용하여 본다.

"스피치와 미니스커트는 적절하게 짧은 것이 좋다고 합니다. 그래서 저는 짧게 준비했습니다."

"감사합니다."(잠시 미소를 지은 후에 말을 이어 간다)

"아~ 이거 너무 짧군요. 긴 것으로 하겠습니다. 대단히 감사합니다."

(이러면 폭소가 터져 나온다. 그리고 나서 수상소감을 말하는 것이다)

내가 고교 지역동문회장을 퇴임하면서 공로패와 꽃다발을 받으면서 한마디 던진 말인 '나의 퇴임사'를 옮겨본다.

[나의 퇴임사]

"저에게 이렇게 과분한 상을 주실 줄은 꿈에도… 알았습니다.(폭소)

꽃다발도 주는데 이럴 땐 꽃을 받는 사람이 좋을까요? 주는 사람이 좋을까요? 꽃을 파는 사람이 좋습니다.

아~ 꽃다발을 주고받는 모습을 보는 동문님들이 더 좋을 것 같습니다. 아마도 이 꽃다발은 다함께 꽃처럼 아름답게 지내자는 의미로 주신 것 같습니다. *(이하 생략)*"

어느 무대에서 수상 받을 때 재치있는 소감 한마디로 웃음을 안겨 준다.

- 어머니가 항상 그러셨죠. 음식을 앞에 두고 말을 길게 하는 게 아니라고요. 그래서 짧게 하겠습니다. 즐거운 밤 되세요.
- 커플상 수상을 받은 배우 차인표 멘트 "인생 50살 가까이 살면서 이기지 못하는 것 세 가지를 알았습니다. 첫째, 어둠은 빛을 이길 수 없다. 둘째, 거짓은 참을 이길 수 없다. 셋째, 남편은 아내를 이길 수 없다. 아내 말 잘 듣고 살겠습니다."
- 황금연기상 수상에서 배우 전광렬 멘트 "인생을 살아가는 데 4계단이 있다고 한다. 사랑의 계단, 이해의 계단, 존중의 계단, 헌신의 계단입니다. 앞으로 계단을 열심히 오르겠습니다."
- 연기대상 수상소감 배우 천호진 멘트 "제가 꼭 이 상을 전해줘야 할 사람 한 사람이 있습니다. 여보. 연애할 때 했던 약속 지키는 데 34년 걸렸네. 너무 늦어서 미안해"

[자리에 앉아있는 세력들]

앉아 있는 자리에 따라 알 수 있는 대단한 세력들

· 중앙에 앉아 있으면 핵심 세력
· 앞쪽에 앉아 있으면 주동 세력
· 뒷쪽에 앉아 있으면 배후 세력
· 좌우에 앉아 있으면 좌충우돌 세력

이 멘트를 할 경우 "이 모든 분 함께하는 자리라서 그런지 그 온기가 사우나보다 더 뜨겁습니다."라는 등으로 마지막의 긍정 멘트가 필요하다.

.

나의 수상소감

나는 1992년 10월 법무사 제1회 시험에 합격하여 그해 12월에 법무사 개업을 하였다. 어느덧 30년이 흘러 2023년 4월 법무사 총회의 법무사 30년 상 수상식에서 내가 수상자 대표로 한 말씀 한 수상소감이다.

[나의 수상소감. 법무사 30년]

"나는 법무사 30년간 무엇을 했는가 되돌아봅니다.

세월은 백구과극. 덧없이 짧다더니 30년이 순식간에 훌쩍 넘어갔습니다. 지나고 보니, 세상에는 세 종류 사람이 있습니다. 남자, 여자. 그리고 저 이상섭입니다. 그래서 저는 남과 다른 특별함, 차별화로 도전하면서 살아왔고 그 결과는 대박이었습니다.

첫 번째로, PC 프로그래머가 되었습니다. 개업 즉시 컴퓨터를 사서 프로그램 독학으로, 프로그래머가 되어 사무실 업무 전산화를 하였고, 집단등기에도 사용하였고, 전국 법무사에게 업무큐프로그램을 개발하여 8년째 무료 보급하고 있습니다.

앞으로 계속 이어질 것입니다.

두 번째로, 책을 6권 출간했습니다. 1998년부터 재건축 전문성을 연구하여 관련 책도 무려 5권이나 출간하였으며, 법무사 협회 교육장에서 법무사 200여 명에도 무료 보급을 하여 준 바도 있습니다.

세 번째로, 인생 이모작을 했습니다. 난타를 배워 재능 봉사 공연을 다니고 있으며, 재미있게 말하는 화술 훈련으로 유머 화술가가 되어 유머화술 책도 출간 예정입니다.

안 될 것 같았지만 실수와 실패를 거듭한 파란만장한 도전의 결과가 파란만장이 되었습니다. 파란만장! 파란 것 만 장. 1억 원이 됩니다. 수십 년 벌었습니다. 그래서 저는 인생 대박! 자식 대박! 두 마리 토끼를 다 잡았고, 유머화술가도 되었기에 후회 없는 인생을 살았다고 자부합니다.

후배들께 한 말씀 한다면, 저처럼 남과 다른 차별화에 미래 희망과 긍정으로 끊임없는 도전하여 보세요. 그 결과는 인생 대박으로 나타날 것입니다. 후배들의 성공을 기원합니다.

이상적인 남자! 이상형으로 사는 남자! 이상섭입니다.

감사합니다."

나의 수상소감을 설명하면, 3분 스피치에 맞게 구성하였다. 시작은 나의 특별함을 강조하기 위하여 3종류 사람(남자, 여자, 나)으로 시작하였다. 강조하는 주제는 '도전'이며, 이를 3가지(첫째, 둘째, 셋째)로 나열하였고, 마지막에서 '도전'을 다시 강조하였다.

5
사회자의
재치있는 한 말씀

◆ **사회자의 역할**
- 청중이 최고이고 내가 아래이다.
- 청중이 묻는 말에 겸손하라.
- 청중을 꺾지 말고 존중하라.

무대는 무대뽀로 오른다

어느 자리에서든지 기회가 되면 사회를 본다. 사회를 보다
보면 훈련과 경험을 통하여 무대공포증이 없어진다. 사회자는
여러 가지 지식과 재치있는 센스가 필요하지만, 경험을 통하
여 훈련되어 간다. 무대공포증 극복하는 방법은 딱 하나다. 무
대는 무대뽀로 오른다!

각종 모임에서 사회자를 보면 좋은 점

- 상사의 눈에 빨리 띄어 관심을 둔다.
- 여러 사람을 보는 시야가 넓어진다.

- 자신감 상승과 분위기 파악 능력이 높아진다.
- 다수와 대화하는 순발력과 재치가 향상된다.
- 재미있게 이끌어가는 유머 감각이 키워진다.

사회자는 순발력 있고 센스있는 부드러운 성격과 청중을 이끌어가는 강력한 리더십의 두 얼굴을 가지고 진행하는데 첫 시작이 아주 중요하다. 사회자는 다수인 있을 때 적절하게 대화를 안분하면서 이를 주도하는 것이 책무이다.

내가 사회를 보았을 때 나를 낮추면서 사회자가 박수받는 일화를 소개한다.

[사회자에게 박수]
"제가 인사를 하면 여러분은 '오~냐'로 대답하여 주시기 바랍니다. 안녕하세요. 오늘 사회를 보게 된 이상섭입니다"
(청중) 오~냐
"세상에서 가장 힘든 일이 뭔지 아십니까? 아름다운 여성들 앞에서 사회를 보는 것입니다. 오늘이 그렇습니다." (청중들 박수)

이렇게 사회자가 청중을 띄워주고 자신은 내리면 청중들과 거리감이 좁혀지면서 친근감이 형성된다.

사회자가 청중을 웃기기 위해서 누군가에게 상처를 주는 행동은 하지 않아야 한다. 남들에게 상처를 주지 않으면서도 재미를 주는 사회자가 되어야 한다. 사회자는 진행자이지 도덕 선생님이 아니다. 청중을 가르치려 해서는 안 되고, 청중을 존중하고 함께하면서 공감하는 자세가 필요하다.

사회자는 처음 시작 시 오프닝 스팟을 통하여 청중들의 긴장을 풀어 준다. 오프닝으로 사회자와 청중, 청중과 청중들 사이에 거리감이 좁히면서 친근감이 형성된다. 사회를 보면서 톡톡 멘트와 퀴즈로 분위기를 이끌어 간다.

- 정답을 맞히신 분에게는 드립니다. 아주 많이 드립니다. 박수를 아주 많이 쳐 드립니다.
- 아~~ 선생님께서는 퀴즈 문제를 …… 맞출 뻔했습니다.
- 담배는 밖에서 피우시고, 바람은 몰래 피우세요. 바람을 피우다가 바람과 함께 사라질 수 있습니다.
- 선물 줄 때도 연인끼리 온 사람에게는 주려는 척하다가 주지 않는다. 그러면서 날리는 멘트 "지금 옆에 계신 분이 가장 큰 선물이기에 이 선물은 주지 않겠습니다. 괜찮죠?"
- 저기 물개박수를 치시는 분에게 선물을 드립니다. 과천 대공원 물개 물 갈아주는 일에 당첨되셨습니다.
- 전화번호 숫자를 전부 곱하여 가장 높은 수가 나오신 분께 선물을 드립니다. 답은 0
- (일반 목걸이를 주면서) 멋진 수입차를 주어야 하는데 목에 차를 걸고 다닐 수 없어서…
- (빼빼로를 주면서) 이거 드시고 날씬하게 빼빼해지라고 드린 것이지, 때 빼라고 드린 것 아닙니다.
- 친구가 운영하는 씽씽 노래방에서 노래 우선 예약권을 드립니다.

- 오늘 선물이 많네요. 나는 항상 당첨이 안 되더라 하신 분 손 들어 보세요? (손든 사람에게) 네. 오늘도 그 전통을 이어갈 것입니다.

[박수치기 연습]

"자~ 박수 한번 칠까요? (청중은 그냥 박수를 친다.)

아니 박수 한 번만 치시라고요.

박수 한 번 시작! (그래도 청중은 실수한다. 꼭 틀리시는 분 있다고 멘트를 한다.)

박수 두 번 시작! (청중은 이제 알아듣고 두 번을 딱 맞게 친다.)

팬티 안 입으신 분 박수 두 번 시작! (치신 분이 꼭 나오고 폭소도 나온다)

박수 세 번 시작! (청중이 딱 맞게 치면 "와우~~ 정말 잘하십니다. 이거 미리 연습하신 거지요?" 칭찬하여 준다.)

박수 다섯 번 시작! (청중은 연속해서 친다. 연속해서 치면 재미가 없으니 '짝짝 짝짝짝'으로 나누어서 치라고 하며 다시 반복한다. 맞으면 "오~~ 역시 똑똑하십니다." 칭찬해준다.)

자~ 이번에는 리듬 박수 치는 것입니다. '띠리리리 띠딩딩' 시작! (일치가 안 되면 다시 하고, 리듬이 맞으면 리듬감각이 좋다는 것으로 청중을 칭찬하여 준다)

박수는 상대방을 위해서 쳐 줄까요? 나를 위해 쳐 줄까요? 다같이 위해서 쳐 줍니다. 상대방은 기분이 좋고 나에게는 건강에 좋기 때문입니다. (이러한 마지막 멘트를 하고 종료한다.)

나의 난타 페스티벌

내가 난타로 취미생활을 하면서 가족·친구 등 200여 명을 초대한 '다울림 난타 페스티벌' 행사에서 사회를 보면서 써먹었던 공연 시작 전의 인사멘트 하나를 소개한다.

[사회자 인사말. 전하]
"안녕하세요? 다울림 난타 단장 이상섭입니다. (박수)
고객은 왕이다. 이런 말 많이 들으셨죠? (예)
우리도 관객은 왕이라 부릅니다. 그럼 왕을 뭐라고 부르지요? 전하라고 합니다. 그래서 여러분은 왕이니까 전하라고 부르겠습니다. 우리 단원들 다 함께 여기에 오신 전하님들께 인사를 올리겠습니다. 전하님께 인사!
전~하~ 인사 올립니다." (무대에서 단원 전원 엎드려 인사)

이에 관객들은 마치 자신들이 왕처럼 대접받은 기분이 들었는지 폭소와 함께 큰 박수를 주었다.

6

강연자의
휘어잡는 한 말씀

◆ 강연자 3가지 원칙
  • 시작 3분 안에 청중을 휘어잡아라.
  • 톡톡 튀는 말로 분위기를 이끌어라.
  • 마지막에 한 마디 여운을 남겨라.

청중과 함께 느끼고 생각하는 강연

강연자를 소개할 때 "오늘 배꼽 빠지게 웃을 것입니다" 식으로 미리 선수를 치면 실제 강의에서는 웃음이 적게 나오게 된다. 그 이유는 청중들의 기대심리를 미리 높여 놓아 버렸기 때문이다. 사회자가 강연자를 너무 격찬하여 소개하면 강사는 스스로 내려놓는 멘트가 필요하다.

• 사회자가 저를 너무 과찬하는 소개를 하였습니다. 사실은 다 맞는 말입니다만, 한 가지 빠진 게 있습니다. 제가 얼굴에 점이 많다는 사실을…
  (강사의 단점을 이야기하여 긴장감을 완화시킨다.)

- 사회자가 저를 과분하게 소개하여 주셨는데 아마 앞으로 그런 사람이 되라고 가르쳐주신 것 같습니다.
- 오늘 저한테 기대를 많이 하실 텐데요. 저한테 기대하지 마시고 의자에 기대세요. 그게 편합니다.

강렬한 첫 마디로 청중의 호기심을 사로잡아라.

강의시작 3분 안에 청중을 휘어잡지 못하면 그 강의는 실패작으로 끝난다. 시작 3분이 90%를 차지한다는 것을 프로는 아는데 아마추어는 모른다. 청자에게 핵심 메시지 주제를 던져 호기심을 유발하는 것으로 시작을 하는 것이 중요하다.

강의 시작 전 짧은 시간에 오프닝 스팟을 통하여 긴장을 완화하여 강의 분위기를 조성하면 청자와 일체감이 형성된다. 스팟의 종류로는 인사하기, 몸풀기, 손뼉치기, 웃기, 퀴즈풀기 등이 있다.

내가 자주 사용하는 오프닝 스팟 하나 소개한다.

[사회자 환영 박수 받기]
(시범을 보여 주면서 같이 한다.)
"자~ 몸을 가볍게 풀고 시작할까요?
저처럼 양손을 앞으로 내서 손을 터세요.
이젠 옆으로 쭉 벌려 터세요.
위로 바짝 들어서 터세요.

박수도 힘껏 쳐 보세요.

(이때) 박수로 환영해 주셔서 감사합니다."(청중 폭소)

그다음으로 이어지는 유머 멘트

"커피잔에 파리가 빠졌다가 도망가면서 한마디 하는데 무슨 말을 했을까요? 세상 쓴맛 단맛 다 보고 가네. (웃음)

네. 맞습니다. 우리 인생도 커피와 공통점이 있습니다. 세상 살면서 쓴맛 단맛 다 본다는 것이지요. 쓴맛 단맛이 있는 커피를 즐기는 것처럼 인생도 즐기며 사는 것이지요.

카르페 디엠(carpe diem), 지금 이 순간에 충실하라."

이러한 멘트에 강사와 청중은 공감대가 형성된다.

강의를 잘하는 사람들은 발표식보다는 마치 친구와 대화를 나누듯 자연스럽고 재미있게 이끌어 간다. 분위기 전환이 없으면 청자들은 핸드폰을 꺼내어 거기서 재미를 찾는다. 초등생은 3분, 중고생은 5분, 성인들은 7분 안에 한 번씩 분위기를 바꿔줘야 집중하게 된다(이를 '357 강의 비법'이라 한다.). 그래서 강의 중간에 유머 멘트가 필요하다는 것이다.

- 적절한 예화를 사용하라. 적시 안타가 홈런을 때린다.
- 재미를 서비스로 안겨줘라. 폭소 한 번이 홈런 한 방이다.
- 신선한 소재를 제공하라. 강연도 음식과 다를 것이 없다.
- 유머는 양념이다. 적당한 양념을 섞어서 제공하라.

마이크와 스피커가 맞대면 '피···' 소리가 나는데 이 상황을 "내가 나오니 예포가 터지네"라는 멘트를 할 정도로 여유가 필요하다.

- 오늘은 앞에 앉아 계신 분에게는 질문을 하지 않습니다. 뒷자리에 앉으신 분에게 질문합니다. 뒤에 계신 분들 앞으로 나와 앉으시기를 바랍니다.
- 앞에 앉으신 분은 일찍 나와 앉은 것이고, 뒤에 앉으신 분은 식사하고 천천히 나오신 분인가요?
- 뒤에 앉으신 분은 버스 뒷좌석에 앉아서 늦게 내리다 보니 뒤에 앉으신 건가요?
- 내가 강의하고 있는데 핸드폰을 들이대고 사진을 막 찍어 대는 거... 아주 좋습니다.
- 제가 강의하고 있는데 핸드폰만 보고 있다면... 제 강의가 재미없다는 것이지요.
- 늦게 오시는 분이 있을 때 "대부분 늦으면 아예 오지 않지요. 그런데도 저분은 늦게라도 오십니다. 저런 분에게는 박수 쳐 드려야 합니다."

좋은 영화는 마지막 신이 오랫동안 기억 남게 하는 것처럼 강의를 끝낼 때도 유머러스한 멘트 하나를 날린다.

- 혹시 모르시거나 궁금한 점이 있으시면 밤에 저에게 전화하시면 (뜸들이다가) 제가 딱 받지 않습니다. 낮에 전화하여 주십시오.
- 저는 어젯밤에 꿈을 꾸었습니다. 강의하는 모습을 꾸었는데 기립박수를 쳐주는 꿈이더군요. 오늘 그 꿈이 이루어졌으면 합니다. 강의를 마칩니다. 감사합니다. (인사하면서 손으로 일어나라는 사인을 준다.)

강의를 마치게 되자 수강생이 질문을 한다.

수강생 : "강사님께 할 말이 있습니다. 길게 할까요? 짧게 할까요?"

강사 : "짧게 하세요."

수강생 : "네, 수고하셨습니다." (인사하고 앉은 척, 폭소, 다시 일어나) "이거는 너무 짧지요? 긴 것도 하겠습니다. 너무 너무 수고하셨습니다." (폭소)

나의 웃음 강연

나는 서울 성북구 소재 정릉교회 부설 노인대학에서 '웃어야 건강해진다!'라는 제목으로 강의하였다. 그 강의 중에서 어르신들이 재미있었다고 한 제목을 소개한다.

[나의 강연]

첫 번째 제목은,

"삶은 무엇이라 할까요?"

한 철학자가 기차여행을 하게 되었다. 기차 안에서 깊은 고민 하고 있다가 "삶은 무엇인가? 삶은 무엇인가?"하고 고민에 빠져 혼자 중얼거렸다. 그때 마침 열차 복도를 지나가는 판

매원 아저씨가 외치는 말

"삶은 계란이요, 삶은 계란이요." (이때 다들 웃음)

이 말을 들은 철학자 "그래 맞다. '삶은 계란'이다."

(노무현 대통령 흉내기로) 맞습니다. 맞고요. (폭소)

삶은 계란입니다. 삶은 계란이라는 이유는 세 가지입니다.

첫째는, 계란처럼 인생을 둥글게 살아가라는 것이다. 모나지 않게 둥글둥글 현명하게 살아가라는 것이고,

둘째는, 멍이 들었을 때 계란으로 비벼주면 잘 낫듯이, 남의 아픔을 어루만져 주며 살아가라는 것이며,

셋째는, 계란에 열을 가하면 오히려 굳어지듯이, 인생 살아가면서 세파에 시달려도 포기하지 말고 더욱 꿋꿋하게 살아가라는 것을 가르쳐 주는 것입니다 (다들 박수).

두 번째 제목은, "첫사랑 생각나시나요?"

여러분! 첫사랑을 만나고 싶으신가요?

첫사랑 만나 그 사람이 잘 살면 배 아프고, 못 살면 가슴 아프고, 혼자 살면 마음 아프고, 같이 살자 하면 머리 아프고, 돈 빌려 달라면 골치 아픕니다. 좌우지간 아픕니다. 안 만나는 게 좋습니다. 하지만 첫사랑이 끝사랑으로 이어지는 사람도 있습니다. 첫사랑과 결혼하여 지금까지 살고 계신 분 손 들어 보세요? (5명이 손들었다.)

이분들은 오직 한 사람을 마음에 두는 마음心. 한심! 그래서 '한심한 사람'이라 하지요. (완전 웃음 대박)

두 사람 양쪽에 마음에 두면 양심. 양심 있는 사람이 됩니다. (또 웃음 터짐) 세 사람을 마음에 두면 세심한 사람이 되고, 네 사람을 마음에 두면 사심있는 사람입니다. 그런데 열이면 열을 다 마음에 두면 어떤 사람일까요 '열심인 사람'입니다. 모든 사람과 함께하는 열심인 사람으로 살아가면 좋겠습니다. (다들 박수를 보낸다)

이 주제의 화술기법을 설명하면, 동음이의어 '삶은 계란'을 사용하였고, 계란의 특징을 인생의 삶에 비교하여 연결했다. 첫사랑과 끝사랑에 대하여 心시리즈 유머로 나열하면서 마지막은 '열심'으로 마무리하였다.

[한심, 양심, 심(心) 시리즈]
한 사람을 마음(心)에 두면, '한심'한 사람
두 사람을 마음(心)에 두면, '양심' 있는 사람
세 사람을 마음(心)에 두면, '세심'한 사람
네 사람을 마음(心)에 두면, '사심' 있는 사람
열이면 열사람 다 마음(心)에 두면 '열심'인 사람

마지막 '열심'이 핵심사항으로 '열심인 사람'으로 끝내야 한다. 마지막 '열심'을 빼 먹으면 말하고자 하는 의도와 달리 바람둥이로 오해될 수 있음을 유의해야 한다.

핵심은 처음과 끝으로 '한심'과 '열심'이다.

7

주례, 덕담
깔끔한 한 말씀

◆ **주례사가 신랑에게 묻는다.**
  • 주례: "죽을 때까지 신부를 사랑할 겁니까?"
  • 신랑: "아니요!"
  • 주례: "네? 아니요?"
  • 신랑: "신부, 장모님, 장인어른 모두 사랑할 것입니다."
  (장내는 폭소가 터졌다)

사라진 주례, 등장한 부모 덕담(축사)

　결혼식 축의금은 자기의 위세인가? 마음의 우정인가? 마지 못한 인사치레인가? 접수대에 축의금 내고 혼주와 인사를 한 후 잠시 고민을 한다. 식장으로 갈까? 식당으로 갈까?

　하객들은 오랜만에 만난 사람들과 인사에 분주하고 주례사 의 말은 관심이 없다. 톡톡 튀는 유머러스한 말로 하객에게 즐 거움을 선사하는 부모의 덕담이 최고다.

　내가 기억되고 있는 것으로, 서울 강남구 역삼동 소재 청운 교회 목사님의 유머러스한 주례사이다. "제정신이 아닐 때 결혼한다. 이 결혼식이 끝나면 정신을 차려라. (폭소) 결혼은 편하기 위한 것이 아니고 불편함의 시작이다. 부모에게 사랑받았지만, 이제는 상대에서 찾지 말고 사랑을 주는 불편함을 이겨라."라는 한 말씀이었다. 그 다음 신랑 신부가 각자 한 가지 실천하겠다는 각서를 교환하고 사인하게 한 후에 부부가 되었다면서 서로 '여보!' 외치라고 한다. (장내 폭소)

재미있는 덕담(축사) 사례

남과 다른 웃음과 재치가 넘치는 덕담 한 줄이다. 실제 현장에서 사용해보면 반응이 좋을 것이다.

- 결혼하면 여자는 돌릴 것이 많습니다. 세탁기도 돌려야 하고, 청소기도 돌려야 하고. 식기세척기도 돌려야 하고, 애들도 돌려야 합니다. 그러나 남자는 아내 하나만을 딱 잘 돌리면 될 것입니다. 그러나 아내 속을 뒤집어 돌리면 그 결과는 나도 모를 것 같습니다.
- 남녀가 함께 만나서 놀기는 쉽지만, 함께 사는 것은 정말 어려운 일입니다. 결혼은 3주를 만나고, 3개월을 사랑하고 3년을 싸우고 30년을 참는 일이란 말이 있습니다. 두 사람도 싸울 수밖에 없을 테지만 서로 상처주지 말고 지혜로 싸우길 바랍니다. (개그맨 이경규 주례사)
- 수십 년 동안 서로 모른 채 전혀 다른 환경에서 살다가 갑자기 한 이불 덮고 한솥밥을 먹는데 갈등이 없을 수 있겠습니까? 갈등은 기본옵션입니다.
- 이제 부부가 되었으니 콩을 많이 튀겨야 합니다. 밤낮으로 튀겨야 합니

다. 신랑은 알콩을, 신부는 달콩을 튀기면서 알콩달콩으로 살아가길 바랍니다. 그런 의미에서 콩을 선물로 드립니다.

- 예쁘고, 착하고, 지혜로운 신부를 만나 결혼하는 것이 최고의 행복인데 이 두 커플이 이에 해당합니다.
- 결혼 전은 단식선수이지만 결혼 후는 복식선수가 된다. 팀플레이 조화와 호흡이 중요하다.
- 연애는 샐러드이고 결혼은 비빔밥이다. 오늘 밤부터 비빔밥을 즐겨 먹기를 바란다.
- 결혼은 사랑으로 시작하는 것처럼 보이지만 고난도 프로젝트 사업이다. 사랑 사업이 성공하길 바란다.
- 연애는 시력을 잃게 하고 꿈을 꾸게 하지만 결혼은 시력을 되찾아주고 잠을 깨게 한다.
- 검은 머리가 흰머리가 될 때까지 사랑하겠다는 약속을 하고서 그 약속을 지킨다고 머리를 하얗게 염색하고 이혼을 하는 일이 절대 없기를 바란다.

부모의 덕담(축사)

요즘은 결혼식 풍경이 변하였다. 주례사는 거의 없고 부모의 덕담이다. 신랑과 신부가 서로 편지를 낭독하고 하객들은 박수로 축복하는 광경이 많다. 아빠와 신부가 함께 춤을 선사하는 때도 보았다. 특이한 경험으로 신랑과 신부가 축타(난타)를 하는 때도 있었다.

유머러스한 덕담 2개를 소개하니 써먹어 보길 바란다.

[부모 덕담 1. 돈을 버리고 살라]

누구나 돈이 중요하다고 생각을 한다. 그런데,

돈으로 책은 살 수 있지만, 지식은 살 수 없다.

돈으로 약은 살 수 있지만, 건강은 살 수 없다.

돈으로 집은 살 수 있지만, 가정은 살 수 없다.

돈으로 피는 살 수 있지만, 생명은 살 수 없다.

돈으로 침대는 살 수 있지만, 잠은 살 수 없다.

이처럼 우리의 삶에 돈이 전부가 아니라는 것이다. 돈이 없으면 불편하지만 버리고 살면 마음이 편하다. 돈에 너무 집착하지 말고 버리고 사는 것도 괜찮을 것이다. 그래서 돈을 버릴 때는 아빠 집에다 버려다오. 우리는 아직 돈이 필요하니 주워서 쓰겠다.

(시계/시간, 침대/잠, 책/지식, 물/비, 얼음/눈 등 선택하여 적용할 수 있다. 마지막에 반전하는 멘트로 폭소를 만든다.)

[부모 덕담 2. 돈이 중요하다]

나는 지금까지 세상에서 돈이 최고인 줄 알고 돈만 벌고 살아왔다. 돈만 있으면 뭐든지 해결해 갈 수 있다고 생각했으니까. 그래서 돈벌레처럼 돈 버는 것에 매진하여 살아왔다.

이제 이 나이가 되고 건강도 좋지 않아 생각해 보니 중요한 사실 하나 깨달은 것이 있다. (여기서 무슨 말을 할까 궁금해 하도록 잠깐 뜸을 들인다) 돈이 정말로 중요하다는 사실을 알았다.

돈이 있어야 건강도 챙겨진다. 아들아~ 돈 많이 벌어 부자
되길 바란다.

(마지막에 돈을 더 강조하는 멘트로 폭소를 만든다.)

[나의 덕담 소개]

나는 2022년 9월 아들 결혼식에
난타 공연과 덕담을 하였다. 그 덕
담 일부를 옮겨본다.

"(중략) 공자, 맹자, 순자 그런 현
인들보다 더 좋은 사람이 웃자라고
하지요. 저는 웃자가 좋아하는 말을 하겠습니다.

세상에서 가장 쉬운 일과 가장 어려운 일이 있다고 합니다.
가장 쉬운 일은 남녀가 사랑에 빠지는 일이고, 가장 어려운 일
은 그 남녀가 결혼해서 오래오래 사는 일이라고 하죠. 오늘 신
랑 신부는 세상에서 가장 쉬운 일을 시작하지만, 저희 부부는
35년 이상을 함께 하였으니 가장 어려운 일을 해내고 있는 것
입니다. 더욱 놀라운 사실은 우리 부부보다 더 오래 함께한 부
부가 있습니다. 바로 사돈댁입니다. 축복의 박수를 부탁합니
다(하객들 다들 웃으며 박수를 친다).

신랑, 신부에게 물어보겠는데, 부부로 사랑하며 오래 오래
행복하게 살려면 조건이 필요하다고 하는데, 그 조건이 뭔지
아느냐? 신랑은? … 신부는? … 그 조건은… 바로 '무조건'이
다. 서로 상대에게 무조건 베풀며 살아가거라. 바라거나 덕 보

겠다고 생각하면 서로 힘들어지고 싸우게 된다.

혹시 너희들 연애시절 싸워본 일이 있니? (아니요) 그래? 한번 쯤 싸워봤어야 하는데… (하객 웃음)

부부로 살아가며 싸울 때가 좀 많이 있을 것이다. 싸울 땐 꼭 '1, 2, 3, 4, 5'를 생각하여라.

일. 일어난 일만 가지고 다투어라.

이. 이기려 하지 마라.

삼. 삼가야 할 말은 끝까지 삼가라.

사. 사과를 빨리 하라.

오. 오래 싸우지 말라. 싸우더라도 잠은 함께 자라.

(하객들 오~~ 하며 박수친다.)

며느리에게 한번 물어본다. 한 여자가 온 사랑으로 30년 이상을 키워온 한 남자를 너는 불과 3년 만에 데려가니 능력이 참 대단하구나. 그 비결은 무엇인가?

(신부) 착하고, 사랑해 주니까요.

그래서 한번 물어보겠는데, 그럼 평생 신랑 한 사람만 마음에 두고 살겠는가? (신부) 네

신랑 한 사람에. 마음심이라… 그러면 '한심'이 되는데. '한심한 여자'가 되겠다는 건가? (신부 어리둥절, 하객들 폭소) 그러면 안 된다. 양가 부모까지 양쪽에 다 마음을 두는 양심. '양심있는 여자'가 되어주면 고맙겠다. (하객들 폭소) (이하 생략)

유튜브 https://youtu.be/hZXnogKBNtw?si

(이 덕담을 써먹으면 유머러스한 덕담이 될 것이다.)

Part 7

건배사
좌중을 휘어잡다

1. 건배사도 리더십이다!

2. 한 마디 외치는 건배사

3. 세 마디 날리는 건배사

4. 나만의 톡톡 튀는 건배사

5. 깔끔한 한 말씀 후 건배사

6. 분위기를 전환시키는 건배사

7. 반전의 묘미를 가지는 건배사

유익한 명언들

· 힘들 때 손잡아주는 친구가 있으면 이미 행복의 당선자이고 그런 친구가 없다고 생각한다면 이미 행복 낙선자이다.

· 미운 사람이 많을수록 행복은 반비례하고, 좋아하는 사람이 많을수록 행복은 정비례한다.

· 너는 너, 나는 나라고 하는 사람은 불행의 독불장군이지만, 우리라고 생각하는 사람은 행복 연합군이다.

· 시련을 견디는 사람은 행복 합격자가 되겠지만, 포기하는 사람은 불행한 낙제생이 됩니다.

· 상대방을 고치려 말라. 나를 그에 맞게 고치면 하나가 된다.

· 비난 비판의 말을 결코 하지 말아라. 심판은 나의 관할이 아니다.

· 꿈을 밀고 가는 힘은 이성이 아니라 희망이며, 두뇌가 아니라 심장이다.
　　　　　　　　　　　　　　　　　　　　　　　　　- 도스트예프스키

1

건배사도
리더십이다!

◆ 술잔을 비우면서 "캬~" 하는 이유는?
- 눈은 보아서 술이라 알고,
- 코는 냄새로 술이라 알고,
- 입은 맛으로 술이라 알기에,
- 귀도 들어서 술이라 알라고 "캬~"를 해준다.
- 그래서 술은 눈, 코, 입, 귀 모두 즐거워야 한다.

건배사도 브랜드다!

누구나 한 번쯤 해보는 건배사. 나도 잘될 것 같지만 막상 하면 잘 안 된다. 그 이유는 많이 안 해봤기 때문이다.

건배는 서로 마음을 통하자는 의미에서 함께 잔을 부딪치며 행운과 발전을 기원하면서 분위기를 띄우는 효과도 있다.

건배사는 건전하고 배려하고 사랑하는 마음이다.

건배사는 배짱 있고 건강한 사람이 한다? 그렇지 않다.

내가 전하고자 하는 한 마디는 건배 구호만 잘해도 나를 멋지게 돋보이게 한다. 건배사는 메시지가 있고, 따라 하기 쉽고, 재미있게 웃음을 선사하여 나의 마음을 전하는 것이다. 나만의 건배사 구호로 당신을 끌리게 하고, 나를 알리는 한마디 외치는 구호를 만들어 본다.

건배사 요령

① (집중) 청중을 집중시킨다(일반적으로 박수를 치게 한다). 그리고 술잔을 채우고 들게 한다.

② (멘트) 건배사 멘트는 의미가 담긴 말로 짧고 간결하게 한다. 길어지면 집중력이 떨어진다. 멘트하는 동안 누군가 끼어들더라도 머뭇거리지 말고 계속 이어가라.

③ (구호) 구호 외치는 방법을 알려 준다. 사람들이 박자 놓치지 않고 큰 목소리를 내야 힘이 실린다. 마지막 구호가 핵심이다. 여기에 반전이나 화음이 들어가면 분위기는 더욱 고조된다.

[빠삐용 건배사]

(집중) 저를 위해 박수 한번 쳐 주십시오. (박수) 앞에 놓여 있는 잔에 술을 채워 주십시오.

(멘트) 저는 건배사를 '빠삐용' 삼행시로 하겠습니다. 빠삐용이 주는 메시지는 실패를 거듭하면서도 끝까지 포기하지 않고 도전을 한다는 것입니다.

(구호) 제가 '빠·삐·용' 외치고 나면 여러분도 '빠·삐·용'으로
외쳐 주십시오.

(선창) "빠! 빠지지 말고, 삐! 삐지지 말고, 용! 용감하게 살아
가자! 빠·삐·용!"

(화답) "빠·삐·용!"

안전하고 유쾌한 유머

술자리 모였다 하면 건배사가 이루어진다. 풍자와 해학의 말
놀이는 자칫 식상해질 수 있다. 장소를 고려하지 않는 어설픈
'19금' 성인 건배는 여성들을 화나게 할 수 있다. 송년회가 송
별회 될 수 있다.

실패하지 않는 유쾌한 건배 3계명

1계명 아재 개그: 초급자에게 안성맞춤이다. 위험부담이 낮
은 클린 조크부터 시작하는 것이 좋다.

2계명 자학 유머: 자기 자신을 희생시키는 살신성인의 유머
를 구사한다. 고차원적인 건배사이다. 권력을 지닌 사람이 자
기비하 유머를 구사하면 더 친근감이 더해진다.

3계명 조롱 금지: 약자에 대한 조롱은 절대 금지다. 특히 종
교나 정치처럼 견해의 다양성이 갈리는 영역은 절대 조심해야
한다. 단체 회식의 경우 19금은 절대 금물이다.

한 마디 외치는 건배사

> ◆ 아재들! '위하여' 이제 그만!
>   • (여자들) 위하여, (고딩들) 위하고
>   • (여당들) 위하여, (야당들) 위하야
>   • (연세대) 위하세, (고려대) 위하고

위하여 이제 그만

대한민국 사람들이라면 한 번쯤은 외쳐봤을 "위하여!"

소위 1세대 아재들 건배사로 통한다. '~~를 위하여' 앞에 송별회 주최, 이름 등을 넣어 외치는 형식이다. 아재들이여 '위하여'는 이제 그만!

나는 15년 전 고교 졸업 30주년 행사에 사회를 보면서 '위하여'를 변형하여 '위하여! 위하고! 위하자!'를 하였다.

(멘트) 어느덧 향기나는 중년 나이가 되었습니다. 나를 위하여 살아가자는 의미에서 '나를 위하여! 위하고! 위하자!'라는 건배

를 하겠습니다. 친구들은 "위하여! 위하고! 위하자!"로 외쳐 주세요.

(선창) 나를! 위하여! 위하고! 위하자!

(화답) 위하여! 위하고! 위하자!

나도 '위하여'를 하였지만 그래도 한 발짝 앞선 젊은 아재 건배사 아닌가.

구호형 건배사

세 마디로 외치는 삼음절 건배사가 유머와 재치를 담았다면 두 어절의 짧은 문장으로 된 구호형 건배사는 다 함께 후렴구를 외쳐 건배의 분위기를 북돋는 데 제격이다.

엉뚱해 보이는 단어를 제시하며 한 자씩에 의미를 담아 좋은 말을 만들어낸다.

- 인생은 / 직진이다.   • 영원히 / 멋지게.
- 함께 가면 / 멀리 간다.   • 친구야 / 성공해라.
- (다함께) 얼씨구! 절씨구! 지화자! 좋다!

[국제사회 건배사]

· 요즘 영어로 통하는 국제사회입니다. 최근에는 프랑스어를 많이 한다지요? 그래서 프랑스어로 건배 구호를 하겠습니다. 제가 "드숑!" 하면 여러분은 "마숑!" 하시면 됩니다.

(선창) 드숑! (화답) 마숑!

· 저는 국제사회에 맞추어 영어로 감사함을 전하겠습니다. 여러분도 영어로 화답하여 주시기 바랍니다. 여러분의 화답은 "베리마춰"로 하시면 됩니다.

(선창) 감사합니다. 땡큐 유! (화답) 베리 마춰!

첫 번째 건배는 먹고 마시자는 것으로 그저 웃음을 주려는 건배 멘트이고, 두 번째 것은 감사 마음을 전하는 건배 멘트이다. 식상할 수도 있다고 생각할 수 있지만, 의외성 유발로 웃음을 주는 건배사이다. '위하여' 보다는 낫지 않은가.

또 하나 재미있는 형님, 오냐 건배사이다.

형님이 외치면 동생들이 '오냐'로 화답하고, 반대로 동생이 외치면 형님들이 '형님'으로 화답한다. 실제 구호를 외치면 폭소가 나온다.

[형님, 오냐 건배사]

(형님 선창 멘트) 건강하고 복 많이 받아라.

(동생들 화답) 오~냐~~

(동생 선창 멘트) 건강하고 복 많이 받으세요.

(형님들 화답) 네! 형님~~

세 마디 날리는 건배사

◆ 세대별 건배사 변천
   • 1세대들은 공생, 협동을 강조(위하여).
   • 2세대들은 삼행시나 언어유희 사용(빠삐용, 오바마).
   • 3세대들은 불황 등 시대 극복의 언어(명품백, 멘붕).

삼행시형 삼음절

세 마디 외치는 건배사는 삼음절이 잘 맞아야 한다.

모임에서 '웃기는 사람', '사회를 잘 보는 사람'이 더 인기가 많다. 이러한 사람이 못 되더라도 건배사를 잘하면 나를 돋보이게 할 수 있다. 유머 초급과정에서는 삼행시 훈련을 한다. 삼행시는 가능한 짧게 해야 한다. 길게 하면 의미가 떨어진다. 마지막에 반전을 가미하면 큰 웃음을 준다.

• 고사리. 고맙습니다, 사랑합니다, 이해합니다.

- 나가자. 나를 위하여, 가족을 위하여, 자신을 위하여
- 마무리. 마음먹은 대로, 무슨 일이든, 이루자.
- 마스터. 마음껏, 스스럼없이, 터놓고 마시자.
- 명품백. 명퇴조심, 품위유지, 백수방지
- 모바일. 모두가, 바라는대로, 일어나길
- 비행기. 비전 갖고, 행동하면, 기회 온다.
- 빠삐용. 빠지거나, 삐지면, 용서하지 않는다.
- 소화제. 소통과, 화합이, 제일이다.
- 오징어. 오래도록, 징그럽게, 어울리자.
- 오행시. 오늘도, 행복한, 시간을 위해
- 이기자. 이런, 기회를, 자주 갖자.
- 지화자. 지금부터, 화끈한, 자리를 위해
- 청바지. 청춘은, 바로, 지금부터

송년 또는 새해 건배사

- 새신발. 새롭고, 신나게, 발전해 나갑시다!
- 새양발. 새해부터는 양발 벗고, 발로 뜁시다!

건배사 후에 웃음

- 사우나. 사랑과 우정을 나누자! (화답) 사우나!
  (건배를 마치고 나서 잘못 외치는 사람이 있는 것처럼 "싸우자 한 사람은 누구 야!" 하면 웃음을 준다.)
- 조가내. 조국을 위하여, 가정을 위하여, 내일을 위하여. (화답) 조가내!
  (건배를 마치고 나서 발음을 잘못하는 사람을 보고 'x같네'로 외치는 사람 누구야 하면 웃음을 준다.)

건배사로 좌중을 웃기기

막걸리를 마시면, 우정에 막 걸리고, 사랑에 막 걸리고, 좌우지간 막 걸리는 막걸리. 비 오는 날에 막걸리 마실 때 분위기용 건배사이다.

[막걸리 건배사]
비가 오는 날 막걸리 마시니 사랑에 막 걸리는군요. 그래서 막걸리 삼행시 한번 해보겠습니다.
막. 막 사랑하게 되었습니다.
걸. 걸걸하게 사랑에 취했지요.
리. 이 여자. 바로 당신입니다.

이어 다른 친구의 맞장구 반전 막걸리 건배사가 이어진다.
저도 막걸리 삼행시 한번 해 해보겠습니다. 저기 여자에게 드리는 것입니다.
막. 막말을 자주하는 여자.
걸. 걸핏하면 시비 거는 여자.
리. 이 여자와 사귈 남자 있어요?

나는 그 여자와 막걸리를 마셨는데,
한 사발 마시니 그녀에게 막 걸리고,
두 사발 마시니 내 마음이 막 끌리고,

세 사발 마시니 내 몸뚱이 막 쏠리고

텔레파시(건배사)

텔레파시(발맞춤)

[미사일 건배사]

여러 사람이 릴레이식으로 반전을 거듭하여 건배사를 이어
가면 더욱 재미가 있다.

A팀: 우리 인생을 위하여 미사일을 발사합시다.

　　(선창) 미래를 위해, 사랑을 위해, 일을 위해 미사일!

　　(화답) 발사!

B팀: 저는 한 여자에게 미사일을 발사하겠습니다.

　　(선창) 미울 때도, 사랑하는, 일편단심! ○○○에게 미사
　　일! (화답) 발사!

C팀: 좋습니다. 저도 미사일을 발사하겠습니다.

　　(선창) 미소 짓는 여자. 사랑스러운 여자. 일단 작업은 미
　　사일! (화답) 발사!

D팀: 저는 미운사람에게 미사일을 팍 쏘겠습니다.

　　(선창) 미운 사람은, 사랑하지 말고, 일단 쏘아 붙이는 미
　　사일! (화답) 발사!

4

나만의
톡톡 튀는 건배사

- 한 글자 반복하는 톡톡 튀는 건배
- 연말연시 십이지를 이용한 띠 건배

한 글자 반복하는 건배사

한 글자를 세 번 반복하는 것으로 시작 한 마디는 귀를 쫑긋하게 하고 멘트는 의미가 있는 멋진 건배사이다.

내가 만들어 사용하는 톡톡 튀는 독특한 건배사이다.

[통통통 건배사]

(멘트) 인생 살면서 통이 많아야 합니다. (약간 뜸 들인다. 그러면 청자들이 무슨 통? 궁금해 한다) 의사소통, 운수대통, 만사형통하는 통통통 말이죠. (이때 청자들은 아~ 그런 통이구나 생각을 한다)

의사가 소통하면 만사가 형통하고, 운수가 대통한다는 것입니다.

(요령) 그런 의미에서 제가 외치고 나면 여러분은 '통!통!통!'으로 외쳐 주시기 바랍니다.

(선창) 올해도 의사소통! 운수대통! 만사형통! 이어지는 통!통!통! (화답) 통!통!통!

[걸걸걸 건배사]

(멘트) 누구나 걸들을 좋아해야 합니다. 어떤 걸들일까요? 베풀걸, 즐길걸, 웃을걸. 그런 걸들입니다. 살아가는 데 걸들이 많기를 바랍니다. 걸!걸!걸!

(화답) 걸!걸!걸!

- 글글글: 인생은 글로 살아야 합니다. 골프는 싱글! 인생은 벙글! 사랑은 이글!
- 플플플: 우리 플을 먹고 삽시다. 인생은 뷰티플! 사업은 파워플! 오늘은 원더플!
- 탱탱탱: 우리 탱탱하게 삽시다. 탱탱한 몸과 탱탱한 삶과 탱탱한 내일을 위하여 탱탱탱!
- 쾌쾌쾌: 잘 먹고, 잘 자고, 잘 싸는 3쾌를 하면 건강합니다. 쾌식!, 쾌면!, 쾌변! 건강하게 살자. 쾌쾌쾌!
- 고고고: 고딩 친구들! 고고고 합시다. 잘먹고! 잘싸고! 잘웃고! 고고고!
- 끈끈끈: 우리 끈으로 이어갑시다. 업무는 매끈, 술은 화끈, 우정은 끈끈
- 세세세: 세상은 세세세로 살아갑니다. 참으세, 베푸세, 즐기세

송년, 새해 띠 건배사

내가 만든 '띠 건배사'로 특급이다. 십이지간을 가지고 만들어 오래전부터 사용해 오는데, 반응이 참 좋다.

해마다 띠가 바뀌는데 이에 해당하는 동물의 특성에 대한 멘트와 그 동물 소리로 화답하면 아주 재미가 있다.

연도	십이지	동물띠	상징(멘트)	소리(화답)
2032년	자(子)	쥐	총명, 호기심	찍찍
2033년	축(丑)	소	인내심, 성실	음머~
2034년	인(寅)	호랑이	용기, 결단력	어흥
2035년	묘(卯)	토끼	온화, 부드러움	껑충껑충
2036년	진(辰)	용	열정, 에너지	끼용끼용
2025년	사(巳)	뱀	신비로움, 직관적	쉭쉭
2026년	오(午)	말	자유, 독립적	희힝,따그닥
2027년	미(未)	양	온화, 평화	메~에~에
2028년	신(申)	원숭이	유머감각, 지적	끼끼,우우우
2029년	유(酉)	닭	꼼꼼, 실용적	꼬끼오
2030년	술(戌)	개	충성, 헌신	멍멍멍
2031년	해(亥)	돼지	너그러움, 관대	꿀꿀꿀

나는 '띠 건배사' 해마다 만들어 널리 알리고 있다. 한번 써먹어보면 웃음 폭탄 만들 것이다.

[소띠해 건배사]

(멘트) 올해는 소띠해입니다. 소는 묵묵히 일을 열심히 하죠. 소처럼 열심히 일하면 좋은 날이 펼쳐질 것입니다. 그래서 제가 멘트를 하고 나면 여러분은 소의 울음소리 '음머~'로 외쳐 주시기 바랍니다.

(선창) 소띠 해에 소처럼 열심히 일합시다!

(화답) 음머~~ (모두들 웃는다)

[토끼해 건배사]

(멘트) 올해는 토끼띠 해죠. 토끼와 거북이에서 배울 점은 쉬지 말고 열심히 뛰라는 것입니다. 제가 외치고 나면 여러분은 '껑충! 껑충!'이라고 외쳐 주시기 바랍니다.

(선창) 여러분! 올해에도 토끼처럼 열심히 뜁시다!

(화답) 껑충! 껑충!

[닭띠해 건배사]

(멘트) 올해는 닭띠해죠. 닭은 새벽을 깨우는 자명종이라고 합니다. 요새 닭은 멋을 부린다고 꽉 낀 레깅스를 입고 새벽에 우는데 어떻게 울까요? '꼭끼오~' 하고 웁니다. 제가 외치고 나면 여러분은 '꼭끼오~'라고 외쳐 주시기 바랍니다.

(선창) 새벽의 선구자 닭처럼 아침형 사람이 됩시다!

(화답) 꼭끼오~ (모두 웃는다.)

깔끔한 한 말씀 후 건배사

5

◆ 한 말씀 건배사
- 첫 번째는 재미있고,
- 두 번째는 의미있고,
- 세 번째는 새로워야 한다.

건배사는 식사 전 국민의례

나만의 독특한 건배사 멘트는 어록이 된다. 나를 돋보이게 하는 건배사 멘트를 만든다. 건배사는 상황에 맞는 스토리가 담겨있으면 더 감동적이다. 모임의 성격과 분위기에 따라 해당 상황과 연결되는 '한 말씀' 스토리를 만들어 보는 것이다.

[스마일 건배사]

(멘트) 토끼는 귀를 잡으면 꼼짝 못 하고, 닭은 날개를 잡으면 꼼짝 못 하며, 고양이는 목덜미를 잡으면 꼼짝 못 합니다. 그

럼, 사람은 무엇을 잡아야 꼼짝 못 할까요? 모가지일까요? 아닙니다. 바로 가슴입니다. '마음'이라는 것이죠. 사람의 마음을 잡기 위해서는 먼저 스마일이 필요합니다. 그래서 저는 스마일 건배사를 하겠습니다.

(요령) 제가 '스마일'을 선창하면 여러분들은 '하하하'로 외쳐 주시기 바랍니다.

(선창) 스치면 웃어주고, 마주치면 웃어주고, 일부러라도 웃어주는 스마일!

(화답) 하! 하! 하!

스토리 건배사

이야기와 교훈 등이 담긴 내용을 전하는 건배사

[기러기 건배사]

(멘트) 기러기는 앞으로 읽어도, 거꾸로 읽어도 기러기. 오직 하나의 길입니다. 기러기들은 리더가 앞장서 V자형을 유지하면서 전체를 이끌어 갑니다. 우리도 리더를 중심으로 하나로 가는 게 중요합니다. 그런 의미에서 기러기 건배사를 하겠습니다.

(요령) 제가 외치고 나면 여러분은 기러기 소리 '끼룩끼룩'으로 화답하여 주시기 바랍니다.

(선창) 오직 리더를 믿고 함께 나가는 기러기가 됩시다!

(화답) 끼룩끼룩

6

분위기를 전환시키는 건배사

- 남편들 술자리 119법칙
  1가지 술로, 1차로만, 9시 이전에 끝내라.
- 청소년들 금주 119법칙
  1잔이라도, 1번이라도, 19세 이전 음주는 안 된다.

대화의 분위기 전환

누군가 지루한 말을 하면 듣고 있는 것도 고통이다. 선배나 어른이 말하는 경우 저지하기고 어렵고. 이럴 땐 자연스럽게 유머로 접근하여 대화 주제를 바꾸어 보는 센스가 필요하다.

대학원 동문 모임에서 일이다. 선배 한 분이 역사에 대하여 길게 말하고 있는데 후배가 그만하라고 저지하기가 곤란하여 듣는 척만 하고 있었다. 마침 숙종과 장희빈에 관한 이야기가 나온다. 그때 나는 살짝 끼어들었다.

나: "선배님! 장희빈이 사약 받은 숨겨진 사실이 있어요."

선배: "네? 그게 뭔데요?"

나: "장희빈은 인현왕후를 시해하려다 발각되자 신하들은 사약 마실 것을 강요하였지요. 그런데 장희빈은 어명 없이는 절대 마실 수 없다면서 사약을 발로 확 차버렸어요. 그러자 신하들은 임금한테서 어명을 받아 장희빈에게 갖다 주니까 찍소리 못하고 마셨다고 하는데, 그 어명이 뭔지 아세요?

(잠시 뜸들이다가) 원샷!!"

동문들 모두 폭소가 터졌다.

이어지는 나의 멘트 "다함께 건배합시다! 원샷!"

이렇게 자연스럽게 건배를 하면서 대화의 주제는 바뀌었다. 이게 유머의 힘이다.

[술버릇]

저는 술 마시면 안 좋아지는 거 하나 있습니다.

시력이 좀 나빠집니다. 그래서 여자가 예뻐 보입니다.

그리고 말을 오버하는 버릇도 생깁니다.

금해야 할 19금 건배사

분위기 전환 의도에서 19금 건배사를 하는 경우가 있다. 그런데 이런 19금 유머는 앞에서는 웃고 뒤에서는 흉을 본다. 잘해야 본전이다. 남녀가 있는 단체에서는 절대 금물이다.

7

반전의 묘미를 가지는
건배사

- 해당화 건배사
- (보통) 해가 갈수록, 당신과 함께, 화려하게! 해당화!
- (반전) 해가 갈수록, 당신만 보면, 화가 나! 해당화!

반전을 거듭한 건배사

술좌석에서 술을 마지지 않고 사이다를 마시는 광경을 볼 때 사이다 건배사를 삼음절로 써먹으면 제격이다.

[사이다 건배사]

사이다. 사랑합니다. 이 세상, 다할 때까지

사이다. 사랑합니다. 이해합니다. 다 여러분 덕분입니다.

사이다. 사귑니다. 이 여자와. 다 아시죠!?

이처럼 여러 가지 뜻으로 삼음절을 만들어 사용할 수 있다.

누군가 앞에서 사이다 건배사로 사랑고백을 한다.

(시작) 저는 '사이다'로 건배사를 하겠습니다.

(멘트) 사이다를 마시면 속이 시원해집니다. 그래서 속이 시
　　　원한 사이다 사랑을 고백하겠습니다. 음 띄워주세요.

(사!) 사랑합니다.

(이!) 이 여자 사랑합니다.

(다!) 다 함께 축하해 주세요.

(화답) 오~~~~ 좋아요~~ 건배!

이에 맞장구로 사이다 건배사로 웃음 폭탄을 만든다.

(멘트) 저도 사이다 건배사를 하겠습니다. 음 띄워주세요.

(사!) 사랑하는 여자가 있습니다.

(이!) (한 여자를 가리키며) 이 여자입니다. (약간 뜸들인다. 청중들이 의아

　　　해 하는 생각을 가지도록)

(다!) 다! 뻥입니다. (폭소가 터진다.)

나 역시 사이다 건배사를 사용해 보았다.

우리 더울림 난타에 이순화가 있다. 그녀는 술 마시지 않겠
다면서 사이다를 마신다. 그래서 나는 사이다 건배를 하였다.

"이순화 님이 사이다를 마신다고 하니 사이다 건배사 하나
할게요. 음 띄워주세요."

(사!) 사랑하는 여자가 있어요. <small>(의아해하다 음 띄운다.)</small>

(이!) 이순화입니다. <small>(다들 웬일이야 놀래다가 음 띄운다.)</small>

(다!) 다! 뻥입니다. <small>(폭소. 뒤집어졌다.)</small>

의미를 반전시키는 건배사

건배사로 던지는 주제와 실제 전달하는 내용의 멘트는 서로 다른 것이다. 그 예로 남자들 술자리에서는 야한 이야기가 단골 메뉴인데, 이런 이야기가 오고 갈 때 '세우자' 건배사가 제 격이다. 부부 모임에서 사용하여 보면 좋다. 던지는 주제와 강조하는 멘트는 다르다.

내가 사용해본 요령을 소개한다. 건배사 하다 실패하여 멈추면 변태로 낙인찍힌다는 사실을 주의해야 한다.

[세우자 건배사]

(시작) 자~ 건배합시다. 건배사는 '세우자'로 하겠습니다. 술잔을 들어 주세요.

(멘트) 우리 세웁시다. 빳빳이 세웁시다. 세워야 합니다. (여기서 약간 뜸을 들인다. 화자와 청자의 생각은 다르다. 청자들은 속으로 야한 생각으로 킥킥대며 웃는다) **회사도 세우고, 가정도 세우고, 자신도 세워야 합니다.** 제가 세우자 외치면 여러분도 세우자 외쳐 주시기 바랍니다.

(선창) 회사도 세우고, 가정도 세우고, 자신도 세우자!
(화답) 세우자!

• 매취순
매력 있는 이 여자, 취하니까 예쁘다, 순전히 뻥이다.
매주 같은 이 여자, 취하니까 꼴불견, 순경 불러라.

• 산사춘
산소 같은 이 여자, 사랑합니다! 춘삼월에 결혼할까?
산 소같은 이 여자, 사랑하라고? 춘삼월에 도망가자!

술을 마시면 얼굴이 변하게 되는데, 얼굴이 빨개지는 사람이 있다. 이를 '알코올 홍조 반응'이라고 한다. 이런 사람에게 그 집안의 민족성 혈통을 알 수 있다면서 아래와 같은 시리즈 유머를 해주면 제격이다.

[술 마시면 알 수 있는 혈통]
· 술 마시면 얼굴이 붉어지는 사람은? 홍익인간
· 술 마셔도 얼굴이 안변하는 사람은? 단일민족
· 술 마시면 얼굴이 하얘지는 사람은? 백의민족
· 아버지와 자식 모두 술을 좋아하면? 배달민족
· 술 마시면 속이 부글부글 꿀꿀하면? 배탈민족
· 오직 한가지 술만 고집하는 사람은? 백의종군

법무사 추억의 사건들

법무사 업무는 등기, 소송 등 법원과 검찰청의 업무에 관련된 사건을 처리한다. 1992년 12월부터 현재까지 법무사로서 처리한 사건 중에서 기억에 남은 사건을 소개한다.

1. IMF시절 회사 회생 사례

우리가 다 기억하는 1997년 IMF 시절. 많은 기업이 무너졌다. 나와 오랫동안 거래한 거래처 회사도 부도났다. 회사를 살리겠다며 화의신청(현재의 기업회생)을 하겠다는 상담이 들어왔다. 나로서는 이 분야에 처음 수임하는 사건이다.

회사를 회생시키는 제도 화의법(현재는 채무자 회생법)을 밤낮으로 공부하고 1개월 동안 자료를 수집하여 법원에 접수한다. 법원으로부터 수없는 보정 명령에 따른 보완 절차 등을 걸쳐 6개월 정도 지나 여주법원에서 인가를 받게 된다.

처음 접하는 사건으로 엄청난 공부와 실무 처리한 경험을 살려 '실무 화의법'을 제1호로 책 출간한다. 그 이후 아쉽게도 그 회사는 회생을 하지 못한 아쉬운 현장을 보게 된다. 그 당시 이사는 전업하였지만, 지금까지 연락하며 지내고 있다.

이처럼 법무사는 개인의 부채에 허덕일 때 회생과 파산, 법인의 부도 직전의 회생과 파산 업무를 처리하여 준다.

2. 경매로 넘어갈 위기를 모면한 소유자

1999년 토요일 오후 늦은 시간 사무실에서 '재건축 및 등기' 책 출간을 위하여 집필하고 있는데 누군가 사무실에 들어와 "월요일에 사는 집 중계동 아파트가 넘어가게 되는 상황이라 구제하여 줄 방법 좀 찾아 주세요."라며 통사정을 한다. 소유자로부터 사정 이야기를 들어 보니 순수한 사람인데 사정이 참 딱하다. 아파트 거래 시세는 2억 정도인데 일단 우선 6,000만 원 정도 있으면 막을 수 있는 상황이다.

나는 소유자가 직접 사는 중계동 아파트 41평형이 괜찮은 매물로 생각됐다. 그리하여 다수 지인에게 급하게 연락하여 상황을 설명하여 주면서 매수하면 좋을 것이라며 부탁하고 설득한다. 다행히도 그중 한 사람이 나의 부탁을 들어준다. 월요일 오전 일찍 매매계약을 체결하고 매매대금 중 6,000만 원을 일부 지급하여 이를 오후에 경매 채권자에게 변제하고 경매를 취소해 준다.

소유자는 싸게 넘어갈 뻔했던 아파트를 거의 정상 가격에 팔게 되었다면서 나에게 고마움을 표시한다. 매수자도 조금 싸게 매수하게 됐다면서 고마움을 표시한다. 양쪽 모두가 이익을 본 사례다. 만약에 나의 노력이 없었다면 그 소유자는 억울하게 아파트가 덤핑가로 경매로 넘어가 버렸을 것이다.

이처럼 법무사는 일반 국민 편에 서서 양쪽 모두에게 이익이 되는 일도 처리하고, 생활법률 업무를 처리하여 준다.

3. 상가 분양 잔금을 덜 내고 소유권 취득하는 이익

시행사는 상가를 분양하고 잔금을 조금 덜 받은 상태에서 입점을 허용한다. 그리고 분양받은 자는 세를 놓는다. 무슨 사연이 있는지 모르나 시행사는 분양 잔금을 독촉하지 않고 있다가 5년이 지나서야 잔금을 지급하여 달라고 내용증명으로 독촉장을 보냈다.

분양받은 자는 잔금 독촉장을 받고 사무실을 찾아왔다. 나는 민사 채권으로 보면 10년이라 내야 하지만, 상사 채권이어서 5년이 지나서 소멸시효에 걸려 안 내도 된다고 상담하여 준다. 일단 시행사에 잔금 채권은 소멸시효 완성이라며 납부에 응할 수 없다는 취지로 내용증명으로 답변을 하여 준다.

시행사로부터 소장이 왔다. 분양 잔금을 지급하라는 소장이다. 이에 나는 상사 채권이라며 5년의 소멸시효로 잔금 채권은 소멸하였다는 답변서를 제출한다. 법원은 우리에게 손들어 준다. 이에 시행사는 항소하여 패소되었고, 대법원에 상고까지 하였으나 모두 패소하였다.

내가 민사 채권이라고 상담하여 주었다면 분양받은 자는 잔금을 냈을 것인데, 상사 채권이라는 자문과 소송으로 잔금 안 내고 상가 소유권을 취득하여 이득을 본 사례이다.

이처럼 법무사는 채권 채무관계 등의 분쟁이 발생할 경우 민사, 형사, 가사 등의 업무를 처리하여 준다.

4. 강남 재건축 아파트의 취득세 합법적인 절세

나는 법무사를 하면서 재건축, 재개발 분야 전문이다. 취득세를 합법적으로 절약하는 책도 출간한 바도 있다. 내가 수행하고 있는 대단지 재건축 아파트가 준공을 앞둔 시점에 취득세 신고를 위해 자료를 수집한다. 법에서 취득세 과세는 재건축 사업에 드는 총공사비에 2%를 적용한다. 하지만 공사비도 과세 대상에서 제외되는 것이 있다는 사실이다.

나는 조합으로부터 총공사비 내역을 받고, 시공사로부터 공종별 공사비 내역을 받아 취득세 과세부분과 비과세 부분을 구분하는 작업을 하여 조합과 시공사로부터 확인서를 받는다. 여기에 비과세 근거가 되는 질의회신, 참고문헌, 판례 등의 자료를 첨부하여 구청의 취득세 신고서에 첨부하여 준다. 그리고 취득세 부과 담당 공무원에게 설명하여 최종 승인을 받아 취득세 고지서를 발급받는다.

동시에 인근 대단위 재건축 아파트도 준공되어 취득세가 부과되었다. 같은 평형을 비교해 보니 내가 수행한 재건축 아파트 취득세가 대략 30만 원 정도가 더 적게 나와 합법적으로 절세된 것이다. 이러한 사정을 알게 된 재건축 조합은 나에게 공로장을 주었고 실력도 인정받았다.

이처럼 자진 신고하는 취득세라 하더라도 법무사의 노하우로 법 테두리 안에서 합법적으로 절세를 해주었다. 법무사의 전문성으로 조합과 조합원이 세금에서 이익을 본 사례이다.

5. 부산 재건축 아파트에 부과된 취득세 승소

재건축 아파트가 준공되면 취득세는 분양대상 조합원분과 일반분양분을 세율을 달리하고, 부과 대상 토지와 건물도 달리하고 있다. 지방세법 규정에서도 명확하게 규정되어 있지 않고, 명확한 판례도 없는 상태에서 부과된 취득세다.

조합은 일반분양분 토지의 취득세를 냈다. 나의 검토로 조합이 취득한 토지까지 포함하여 부과된 사실을 알게 된다. 구청에 수정 신고하여 5억 8,000만 원 정도 취득세 반환을 요청하였으나 거절되었다. 이에 불복하여 소송을 제기한다.

제1심 부산법원은 일부만 인용하여 1억 4,000만 원 정도를 반환하라는 판결을 선고한다. 구청은 즉시 반환하고 항소하지 않을 것을 요청한다. 하지만 내가 볼 때 1심 법원은 법리 오해로 항소를 하면 3억 2,000만 원 정도 더 환급받을 수 있다는 상담을 하여 조합은 항소를 제기하였다.

항소심 부산고법은 1심 판결을 유지하며 항소기각을 한다. 이에 대법원에 상고하여 파기환송을 받아 냈다. 나의 끈질긴 소송으로 조합은 4억 6,000만 원 취득세를 환급받았다.

이 사건은 내가 법무사로서 대법원 파기환송을 받아 내는 획기적인 사건으로 영원히 기억될 것이다. **구청이 법에 따라 취득세를 부과한 것을 법령 해석의 오해로 인한 부당한 과세에 대해 법무사가 소송을 통해 구제하여 준 사례다.**

6. 투자금을 대여금으로 소송이 들어온 사건

친척이 피고로 소송당한 사례이다. A, B 두 사람은 2012년 특정 사업을 추진하는 회사에 각각 5,000만 원씩을 투자한다. A는 B의 소개로 B에게 송금하는 방식으로 투자를 한다. 두 사람 모두 투자의 대가로 회사로부터 주식을 받는다.

사업이 성공하면 주식 가치가 수배로 높아지고 배당도 받게 된다는 희망을 품고 투자한다. 하지만 사업은 성공이 아닌 실패가 되고 희망은 절망이 된다. 기다려 보지만 10년이 다 되어도 희망은 없고 결국 그 회사는 해산된다. 그러자 A는 B를 상대로 소송을 건다.

A는 투자금임에도 소장에서는 대여금으로 주장한다. 변론기일에 판사에게 사법부와 정부를 비판하는 정제되지 않는 말도 한다. 판사는 A에게 주장과 증거를 제출하라 한다. 판결 결과 A는 패소. 대여금이 아니라는 판단이다. 당연한 결과다. 법원은 주장한 사실(처분권주의)에 대하여만 판단하기 때문이다.

A는 항소한다. 재판부에 탄원서도 낸다. 형사고소도 한다. 기각되자 재정신청도 한다. B에게 협박 문자도 보낸다. 법무사에게도 진실한 사실을 알리며 전화도 해댄다. 모든 수단을 동원하지만 모두 기각 당한다. 피곤한 '진상 원고'이다.

법무사도 일하다 보면 진상들을 만난다. 논리도, 사실도 맞지 않는 억지 주장만 하는 사람들 때문에 피곤할 때가 많다.

7. 구미시 합유 등기로 압류 방지

여러 명으로 부동산을 소유할 때 그중 한 사람 지분에 압류 등이 들어오면 복잡해진다. 이런 것을 방지하는 방법으로 '합유' 등기가 있다. 무조건 좋은 것은 아니고 장단점이 있다.

법인 4개 명의로 다세대주택 한 동을 대구법원에서 낙찰 받는다. 그런데 그중 1개 법인이 부채가 많아 압류 등이 들어올 것을 걱정한다. 나는 4개 법인의 공유를 합유로 등기로 할 것을 제안하여 그 등기를 해 주었다. 1주일 정도 지나 실제 그 법인 지분에 압류가 들어왔고 법원은 각하하였다.

내가 합유 등기를 해주지 않았다면 압류되어 분양하는 데 애로가 많았을 것이다. **법무사의 등기 전문성으로 인하여 압류를 방지하여 순조로운 분양과 재산권을 보호받은 사례이다.**

'법걱정' 없이 한평생 쭉~

출생에서 상속까지, '생활법률전문가' 법무사와 함께하세요!

유머스러운 사람으로 변했다

　사람은 죽어서 이름을 남기라고 한다. 그럼 돈을 남기면 자식들은 싸운다? 그렇다. 법무사 하다 보니 상속 분쟁은 갈수록 많아진다. 송사 분쟁 사건도 늘어간다. 감성과 정이 점점 말라가고 있다. 이런 시대에 유머는 청량제이고 자신을 내려놓는 연습을 하면 행복해진다.

　나는 일단 도전하면 끝장을 본다. 반세기 나이 2009년에 인생 이모작 도전은 유머화술이다. 일단 김진배 유머센터에 등록하여 1년을 다닌다. 유머화술을 중심으로 인생법칙, 인간관계, 심리학, 리더십까지 확대하여 정보를 수집하면서 메모하고, 외우고 기회를 잡아 수없이 써먹어 왔다.

　유머화술 관련 책은 190권 정도 읽었고, 카페, 카카오스토리, 밴드, 웹서핑, 최규상 유머클럽, 스타강사 등에서 끊임없이 정보를 수집하고 내 생각을 덧붙여 메모했다. 이러한 노력의 세월이 16년 흐르고 유머화술가가 되어 책을 출간한다.

　나이 60세는 이순(耳順). 이제부터 순리대로 사는 나이, 70세는 고희(古稀). 옛일을 기뻐하며 사는 나이다. 그런데 중간 나이 65세는 무어라 할까? '지공'이다. '지하철 공짜' 나는 지공이 되면서 출간도 한다. 이 얼마나 기쁘고 행복한가.

나는 단체 모임, 등산, 여행 등 어느 장소이든 기회를 만들거나 찾아서 유머를 들이대 왔다. 특히 매주 화요일 난타 수업은 끊임없이 유머를 날려보는 체험 현장이었다. 이를 잘 받아준 우리 난타 단원에게 고마움을 전한다. 그대들이여, 이번 주 수업에도, 다음 주 수업에도 유머는 계속된다.

유머 도전 10년이 되어 책 출간을 준비한다. 먼저 책에 넣을 분류(목차)를 만든다. 대분류는 내 생애 7번째 책 출간이므로 7개로 만들고 여기에 적합한 자료를 착착 모아 둔다. 그다음에 여기에 수없는 생각을 덧붙이며 넣고, 빼고, 수정하는 작업으로 5년이 걸려 완성된다. 이제 가장 힘든 작업으로 최종 교정 작업을 마치고 탈고를 한다.

유머는 내 인생을 확 바꾸어 놓았다. 좋은글, 유머글 등을 메모하다 보니 나도 좋은 생각, 유머러스한 행동을 하게 되었다. 무엇보다도 긍정적이고 사고의 폭이 넓어졌다는 것이다. 습관이 인생을 바꾼다는 말. 딱 맞는 말이다.

메모의 힘. 글을 쓰는 것은 많은 생각을 하기에 말도 좋아진다. 메모와 유머의 힘으로 나의 인생은 항상 긍정과 낙천적 사고로 생활하니 행복하다. 그래서 행복은 셀프!

오늘도 외친다. 나는 행복한 사람이라고~~!

출간후기

이상섭 법무사가 유머책을 출간해 달라며 사무실에 찾아왔다. 들어 보니 법무사로 33년째 일하면서 자신의 전문분야에서 책을 6권이나 출간한 그 능력이 대단하다. 이제는 유머화술에 도전하여 16년 동안의 경험담을 집필하여 책으로 출간하겠다니 또한 놀랍다.

행복에너지
대표 **권선복**

이 책은 저자가 오랫동안 다양한 유머화술 경험을 바탕으로 초보자가 유머를 배우고 쉽게 활용할 수 있는 유머 방법론과 현장에서 즉시 사용할 수 있는 예시와 예화가 수두룩하게 들어 있다. 또한 유머화술에 인생법칙, 인간관계, 리더십, 심리학 등 주옥같은 지혜의 글도 담겨 있어 지식수준을 한층 높인다.

이 책으로 당신은 가족, 친구, 연애, 부부, 인생, 성공, 취미, 리더, 축사, 수상, 사회, 강연 등 어느 현장에서든 유머 있게 대화, 칭찬, 인사, 문자 등을 다 할 수 있다.

직업상 유머와 친하지 않은 법률가가 유머스럽게 대화하고 싶다는 욕망으로 유머화술에 도전하고, 16년간 배우고, 외우고, 써먹고, 현장 체험한 결과물이 이 책이다. 독자들은 이 책으로 유머 있는 사람이 될 것이라고 장담한다.

제목 색인

GOLF 맛은? · · · · · · · · 196
가장 강력한 자산은 자존감 · · 44
가족은 사랑이 흐르는 유전자들 · · 149
가족을 다양하게 소개하기 · · · · 226
가족의 유전자들 · · · · · · · 149
강연자의 휘어잡는 한 말씀 · · 254
건배사 요령 · · · · · · · · 270
건배사는 식사 전 국민의례 · · 283
건배사도 리더십이다! · · · · 269
건배사도 브랜드다! · · · · · 269
건배사로 좌중을 웃기기 · · · 277
결혼기념일은 가족 생일 · · · 225
결혼은 해도 후회, 안 해도 후회! · 173
고사성어, 속담을 활용하라 · · 86
고사성어를 비틀어 풍자한다 · · 86
고정관념을 뒤집는 역발상 · · · 51
공감대화 Yes And But · · · · 56
공감소통 시대로 변했다 · · · 29
공통점 찾기 요령 · · · · · · 81
공통점, 차이점을 이용하라 · · 81
관심받고 싶다면 빨간색 옷을 입어라 165
구호형 건배사 · · · · · · · 273
글로 소통하는 시대 · · · · · 123
글자놀이 언어마술사 돼라 · · 67
글자를 뒤집고, 돌리고 · · · · 68
금해야 할 19금 건배사 · · · 286
깔끔한 한 말씀 후 건배사 · · · 283
꽃자리, 구상 · · · · · · · · 306
나는 브랜드! 끌리게 자기소개 · 207
나는 하나의 브랜드다! · · · · 216
나를 낮추는 자학화술이 최고! · · 133
나를 다양하게 써보는 자기소개 · 210
나를 차별화로 특별한 자기소개 · 222
나를 차별화시키는 방법 · · · 223
나를 한 줄 콘셉트로 말하기 · · 212
나만의 멋지게 한 말씀 · · · · 231
나만의 스타일 브랜드 시대 · · · 25
나만의 톡톡 튀는 건배사 · · · 279
나열식 퀴즈는 마지막이 핵심 · · 76

나의 가족들을 재미있게 소개 · 225
나의 난타 페스티벌 · · · · · 253
나의 단점을 장점으로 자기소개 · 213
나의 수상소감 · · · · · · · 247
나의 아들 666 · · · · · · · 153
나의 웃음 강연 · · · · · · · 258
나의 이름은 강력한 브랜드! · · · 207
나의 인생 도전기 · · · · · · 188
나의 체험담 구성 · · · · · · 234
나의 취미는 난타 · · · · · · 203
나의 한 말씀 · · · · · · · · 238
나의 환영사 · · · · · · · · 241
남과 다른 나의 차별화 · · · · 222
남과 다른 아이디어가 나온다 · · 51
남자 술값과 여자 화장품값 · · 169
남자는 큰소리, 여자는 잔소리 · 176
내 유머 비밀창고를 열어라 · · · 98
내 유머는 왜 썰렁해질까? · · · 104
내게 맞는 유머 만들기 · · · · 98
넌센스 퀴즈 요령 · · · · · · 74
다시 태어나면 지금 배우자와
결혼하겠습니까? · · · · · · 175
단점도 장점이 되는 소개 · · · 213
닭살멘트 넘어 타조살 날린다 · 138
닭살멘트 햇살! 넉살멘트 작살! · 138
당신의 말을 리모델링하라 · · · 67
대화는 상대 존중! 칭찬 폭탄! · · 128
대화의 공통 주제는 3S · · · · 32
대화의 기술 3가지는 경청,
리액션, 공감 · · · · · · · · 129
대화의 분위기 전환 · · · · · 285
대화의 스킬은 공감소통이다 · · 56
대화의 키맨(Keyman)이 된다 · · 31
대화의 키맨, 웃음맨 된다 · · · 31
더블 바인드(Double Bind) · · · 61
독이 되는 친구는 멀리한다 · · 157
동음이의어(중의법) 활용 · · · · 71
등산 간 DAY · · · · · · · · 197
띄어쓰기의 매력 · · · · · · · 127

리더는 Reader · · · · · ·	236	
리더의 품격 유머 한 말씀	236	
만나면 헤어짐이 세상사 진리 · ·	143	
말 순서 아론손 화법 · · · ·	59	
말은 멋있게! 밥은 맛있게!	115	
말투 차이 덕분에, 때문에	120	
말투는 당신의 인생이다	118	
명품 유머 스타일러가 된다 ·	25	
명함은 그 사람의 이력 · ·	112	
무대 공포증 극복	233	
무대는 무대뽀로 오른다	249	
문자대화는 깔끔, 톡톡 튀게!	123	
바보, 이반	307	
반감대화 No! I Yes! · ·	57	
반전을 거듭한 건배사	287	
반전의 묘미를 가지는 건배사	287	
방향을 돌리는 착각퀴즈 · ·	78	
백트래킹(Back Tracking) · ·	62	
별명, 상호 등을 이용하는 기법	218	
봉사는 시간 나는 대로 하는 것 ·	201	
부모의 덕담(축사) · · · ·	263	
부부는 날마다 전쟁(War)	171	
부부는 소리하는 사람들이다	171	
부정어를 빼면 긍정어가 된다 ·	95	
분위기를 전환시키는 건배사	285	
불편한 친절은 베풀지 않는다	131	
브랜드 네이밍으로 만들기	210	
비슷한 단어를 연결하기 · · ·	72	
사라진 주례, 등장한 부모 덕담(축사)	261	
사람은 품은 대로 보인다 · ·	47	
사랑하는 여자에게 하는 행동	162	
사회자의 재치있는 한 말씀	249	
삼행시형 삼음절 · · · ·	275	
상대방을 인정하고 칭찬한다	128	
선물과 뇌물의 차이 · · ·	42	
성공 인생의 포인트는 '도전' ·	187	
성공은 생각과 습관의 종착역	187	
세 마디 날리는 건배사	275	
세상은 힐링과 킬링 · · ·	40	
속담을 비틀어 풍자한다 · ·	88	
송년, 새해 띠 건배사 · · · ·	281	
수상소감은 짧게	244	
수상자의 감동스런 한 말씀	244	
스토리 건배사 · · · ·	284	
신체 특징을 이용한 소개글 ·	214	
썰렁한 유머라고 하면 어쩌지?	106	
아름다운 착각속의 행복 · ·	23	
악수는 손 인사 · · · ·	114	
안전하고 유쾌한 유머 · ·	271	
앞뒤 글자 일치하는 대조법 ·	69	
어머니가 좋아? 머니가 좋아? ·	192	
엄마의 연인과 친구	151	
여러 개 나열하는 시리즈 유머 ·	79	
연애는 마술! 사랑은 예술! ·	162	
열 번 해서 세 번 웃기면 성공	103	
올리고 내리고 반전을 타라 · ·	93	
올리고 내리는 리듬과 반전 ·	93	
우화의 교훈을 바꾸어 생각한다 ·	90	
웃음은 인간에게 내린 선물 ·	36	
웨이터 법칙 · · · · ·	121	
위하여 이제 그만 · · ·	272	
유머 스타일러가 되는 습관 · ·	27	
유머 접근, 썰렁 두려워 마라 · ·	103	
유머 창고를 열어 써먹기 · ·	101	
유머 해보고 싶은데 그게 잘 안 돼 ·	17	
유머가 긍정인생으로 바꾼다 ·	17	
유머는 가장 멋진 거짓말 · · ·	97	
유머는 내가 주는 선물이다 · ·	38	
유머는 내가 주는 행복 선물 · ·	38	
유머는 밥상머리에서 시작 · ·	115	
유머는 타고난 사람만이 되는 걸까? ·	19	
유머화술을 배워 얻은 것 5가지 · ·	20	
의미를 반전시키는 건배사 · · ·	289	
인사는 진품! 칭찬은 명품! · ·	109	
인생백년, 걱정천년 · · ·	185	
인생은 정답과 오답 찾는 여행 ·	178	
인생은 한 번뿐인 추억여행 · ·	178	
인생의 법칙들 · · · ·	179	
자기소개의 여러 가지 방법 · ·	208	
자신을 낮추는 자학유머 · ·	133	
자신의 단점이 장점이 된다 · ·	136	
자존감 UP! 긍정력 향상된다 · · ·	44	

제목 색인 303

재능 · 취미를 브랜드로 자기소개 · · 219
재능과 취미를 이용한 자기소개 · · 220
재미있는 덕담(축사) 사례 · · 262
좋아하는 것은 취미, 즐기는 것은 작업 195
좋은 인상 남기고 헤어진다 · · · 146
주례, 덕담 깔끔한 한 말씀 · · 261
지금은 아이디어 시대 · · · · · 52
직업 · 지역을 이용하여 자기소개 · 216
차이점 찾기 요령 · · · · · · · 84
천생연분은 어떤 관계를 말할까? · 166
첫눈이 오는 날 첫 눈에 반한 첫사랑 167
첫인상이 중요하다. · · · · · · 109
청중과 함께 느끼고 생각하는 강연 · 254
축사, 환영사 격려 한 말씀 · · 240
취미는 숨어있는 나의 재능발굴 · · 195

친구는 거울 신경세포 · · · · · 155
친구는 있어도 진짜 친구는 없다 · · 155
칭찬 후 꺾기, 칭찬 속의 칼날 · 139
칭찬은 구체적으로 특정하여 강조 · 110
퀴즈로 상상력을 뒤집어라 · · · · 74
특별한 재능은 선물이다! · · · 219
한 글자 반복하는 건배사 · · · 279
한 마디 외치는 건배사 · · · 272
한 말씀은 KISS · · · 231
한 말씀은 늘 간단하다 · · · 240
행복은 셀프, 인생은 헬프 · · · 21
헤어질 땐 훈훈한 유머멘트 발사! · 143
호감형 사람의 대화 기술 · · · 34
휴대폰에 유머방 만들기 · · · 100

예화 색인

[가장 좋은 선물] · · · · · · 43
[가족회의] · · · · · · · · 151
[걸걸걸 건배사] · · · · · 280
[결혼할 때와 이혼할 때 생각 차이] · 174
[골프에서 사용하는 재미있는 말] · 197
[골프하는 자식들] · · · · · · 197
[공감소통] · · · · · · · · 30
[공통점 찾기로 남편 자랑하기] · 83
[국제사회 건배사] · · · · · · 273
[국회의원 선거철] · · · · · 90
[군대 간 남자의 복수] · · · 145
[기러기 건배사] · · · · · 284
[긴장, 김장] · · · · · · 73
[나의 강연] · · · · · · · 258
[나의 덕담 소개] · · · · · 265
[나의 수상소감. 법무사 30년] · 247
[나의 친구는 세 종류] · · · 160
[나의 퇴임사] · · · · · · 245
[나의 한 말씀 '무지개 성공 철학'] · · 238
[나의 환영사] · · · · · · 241
[남자의 거짓말] · · · · · · 97

[남편 덩어리 시리즈] · · · · · 80
[남편의 대답] · · · · · · 77
[남편의 변함없는 마음] · · · · 164
[남편의 재치] · · · · · · 49
[남편이 술 마시는 이유] · · · 170
[놈놈놈 시리즈] · · · · · · 79
[닭 시리즈] · · · · · · · 200
[닭띠해 건배사] · · · · · 282
[대리걱정사 채용] · · · · · 186
[도독의 선물] · · · · · · 42
[돈 시리즈] · · · · · · · 192
[돈시돈 불시불] · · · · · · 48
[돌아온 문자] · · · · · · 166
[동물들의 쇼핑] · · · · · · 72
[두 눈에 반한 여자] · · · · · 168
[떼돈, 목돈] · · · · · · · 192
[리더(Leader)의 조건] · · · · 237
[리더의 급수] · · · · · · 237
[마누라와 정치인 공통점] · · · 82
[막걸리 건배사] · · · · · 277
[맞추다보면 부부가 되는 인생] · · · 50

[멋있게 말하는 '일이삼사오' 전법] · 233
[모든 생각이 부정적이다] · · · · 47
[몸에 좋은 호르몬] · · · · 36
[미사일 건배사] · · · 278
[미용실에서 아가씨와 아줌마 구분] · 85
[부모 덕담 1. 돈을 버리고 살라] · 264
[부모 덕담 2. 돈이 중요하다] · · · 264
[부부 발전 4단계] · · · · 226
[부부 사이 서로 업어주기] · · 175
[부부 싸움] · · · · 170
[부부 사랑12345] · · · · 170
[부부의 역할 분담] · · · · 172
[부인의 자존감] · · · · · · 46
[부자와 빈자의 차이] · · · · 193
[빠삐용 건배사] · · · · 270
[사이다 건배사] · · · · 287
[사회자 인사말. 전하] · · · 253
[사회자 환영 박수 받기] · · 255
[사회자에게 박수] · · · · 250
[새해 덕담] · · · · 243
[선물과 뇌물의 차이점] · · · 42
[세우자 건배사] · · · · 289
[소개팅] · · · · 114
[소띠해 건배사] · · · 282
[송사리 소풍] · · · · 199
[수강생 질문] · · · 258
[술 마시면 알 수 있는 혈통] · 290
[술 취한 남자의 말투] · · · 122
[술버릇] · · · · 286
[숫자 창의력 퀴즈] · · · · 76
[스마일 건배사] · · · · 283
[승마로 다이어트] · · · · 88
[식당 주인이 하는 말] · · · 140
[신혼부부의 명절] · · · · 41
[아가씨와 아줌마 차이점] · · 84
[아내가 어디 나갈 때 남편이 하는 말] 174
[아내의 문자. 3가지 금] · · · 126
[아내의 밥상] · · · · 116
[아내의 수술] · · · · 94
[아내의 취미] · · · · 221
[아들의 꿈] · · · · · · 154

[아름다운 착각] · · · · · · 23
[아빠의 도전] · · · · 60
[안돼요, 돼요] · · · · 96
[어느 회사 입사 시험의 문제] · · · 55
[여자 덩어리 시리즈] · · · 80
[여행용 가방 선물] · · · 226
[예술과 외설의 차이점] · · · 84
[오타 문자로 남편이 맞은 사연] · 124
[외국에 사는 내 친구들] · · · 156
[우리 가족들] · · · · 150
[우유빛 살결의 여자 소개] · · 179
[의사의 진단] · · · · 179
[인생 입출력 법칙] · · · 180
[자리에 앉아있는 세력들] · · 246
[작은 키] · · · · 213
[정치인과 수녀] · · · · 75
[조화와 소통의 어울림] · · · 30
[좋아하는 사람 Vs 사랑하는 사람] · 163
[좋은 남자의 조건] · · · · 70
[좋은 여자의 조건] · · · · 71
[주경야독, 주면야독] · · · 88
[직업별 웃음 시리즈] · · · 37
[직장 상사 취미] · · · 196
[착각퀴즈] · · · · 199
[책 시리즈] · · · 101
[청첩장] · · · · 158
[출간과 출산] · · · 190
[친구 교통사고] · · · 160
[친구에게 한마디 한다] · · · 158
[친구의 부탁] · · · · 142
[토끼해 건배사] · · · 282
[톨스토이가 주장하는 3대 바보] · · 136
[통통통 건배사] · · · 279
[푸어들의 악순환] · · · · 194
[피자 선물] · · · · 117
[하루 일십백천만] · · · 240
[한심, 양심, 심(心) 시리즈] · · · 260
[한심한 사람, 열심인 사람] · · 200
[행복은 돈으로 살수 없어!] · · 24
[헤어질 때] · · · · 144
[형님, 오냐 건배사] · · · 274

꽃자리

구상

반갑고 고맙고 기쁘다
앉은 자리가 꽃자리니라
네가 시방 가시방석처럼 여기는
너의 앉은 그 자리가 바로 꽃자리니라
앉은 자리가 꽃자리니라
앉은 자리가 꽃자리니라

네가 시방 가시방석처럼 여기는
너의 앉은 그 자리가 바로 꽃자리니라
나는 내가 지은 감옥속에 갇혀있다
너는 네가 만든 쇠사슬에 매어있다
그는 그가 엮은 동아줄에 묶여있다

우리는 저마다 스스로의
굴레에서 벗어났을 때
그제사 세상이 바로 보이고
삶의 보람과 기쁨도 맛본다
앉은 자리가 꽃자리니라
네가 시방 가시방석처럼
여기는 너의 앉은 그 자리가
바로 꽃자리니라

바보
이반, 톨스토이 원작 중에서

내가 바보가 되면
사람들은 나를 보고 웃는다.
지보다 못한 놈이라고
뽐내면서 말이다.

내가 바보가 되면
마음씨 착한 친구가 모인다
불쌍한 친구를 돕기 위해서

내가 바보가 되면
약삭빠른 친구는 다 떠난다.
도움 받을 가치가 없다고

내가 바보가 되면
정말 바보는 다 떠나고
진정한 친구만 남는다.

내가 바보가 되면
세상이 천국으로 보인다
그냥 이대로가 좋으니까

그림 최인영 2024. 12. 9